# MON ASCENSION

CHARLES PONZI

# MON ASCENSION

*Vie légendaire d'un escroc magnifique*

Préface et traduction de l'anglais (États-Unis)
par Denis Griesmar

BARTILLAT
2, rue Crébillon, 75006 Paris

Titre original : *The Rise of Mr Ponzi* (1936).

www.editions-bartillat.fr

978-2-84100-646-5

# PRÉFACE

Il aurait pu s'agir d'une banale histoire. D'un bel exemple de rêve américain.

L'histoire d'un immigrant famélique qui, à la force du poignet, parvient à brasser des millions...

Oui, mais pour parvenir, justement, il faut parfois user de méthodes peu orthodoxes. Et c'est la pente fatale sur laquelle fut entraîné Charles Ponzi, petit Italien débarquant sur le port de Boston, au début du XX^e^ siècle. Bientôt, notre immigrant est amené à travailler dans une banque, et à découvrir, à petite échelle, les relations financières internationales. Au début, une simple remarque : on pouvait, à l'étranger, en l'occurrence en Espagne, acheter pour l'équivalent d'un cent, un coupon réponse international qui valait, aux États-Unis, 6 cents. D'où l'idée d'un trafic, au départ parfaitement légal, mais qui finit par rapporter gros. Des perspectives s'ouvraient, et Charles Ponzi imagina ce qui devait devenir son système, ou sa « pyramide », et qui consistait à offrir des rendements inouïs à des placements qui étaient en fait rémunérés par les apports des nouveaux souscripteurs. Ceux-ci ignoraient, bien entendu, que l'échafaudage ne pouvait tenir que si les dépôts s'accroissaient de manière exponentielle, ce qui n'était pas tenable à terme. Mais l'entreprise grossissait, au point de sembler ridiculiser les banques ayant pignon sur rue, et qui, elles, ne s'étaient pas engouffrées dans ce système, qui consistait effrontément à payer les uns avec l'argent des autres. L'expérience venant, aidée par des connaissances non négligeables, car le gaillard n'était pas dépourvu de culture, la Nouvelle-Angleterre assista à l'ascension d'un génie de la finance, qui transformait le plomb en or, qui finit par brasser jusqu'à quinze millions de dollars, et rétribuait ses investisseurs par des taux d'intérêt proprement mirobolants, jusqu'à 50 % en trois mois. Et les clients affluaient, jusqu'à encombrer les rues du vieux Boston, et les abords des succursales qui se multipliaient. Tout semblait réussir à Ponzi : immobilier, voitures de luxe, tout manifestait la réussite fulgurante d'un personnage qui avait su – un temps, un long temps – inspirer confiance à ses nouveaux concitoyens.

Mais voilà : la roche Tarpéienne est près du Capitole, et toute réussite, y compris financière, même aux États-Unis, finit par susciter des jalousies qui se coalisent pour abattre l'insolent.

Dès lors, la pelote se défait, la pierre qui roule se fracasse, et de préférence sur un obstacle ridicule. Mais la résistance du sujet, qui cherchait à mobiliser toutes ses ressources pour faire face, avait quelque chose de magnifique, autant que pathétique, et tint en haleine toute une époque, jusqu'à inspirer de lointains imitateurs.

Du haut de cette pyramide (de Ponzi), plus d'un siècle d'escroquerie nous contemple. Car ce genre d'échafaudage, construit sur l'appât irrésistible du gain, se prolonge jusqu'à l'actualité la plus proche de nous, comme celle d'un Bernard Madoff, qui reprend et amplifie le système, cette fois à l'échelle des États-Unis et au-delà, allant jusqu'à monter une gigantesque arnaque à 65 milliards de dollars. Membre influent de la National Association of Securities Dealers et allant jusqu'à présider le NASDAQ, prenant dans ses filets célébrités de tous ordres, grandes familles et banques établies, jusqu'à ce qu'en 2009 il se fasse condamner à 150 ans d'emprisonnement, avec aujourd'hui tout loisir de méditer à l'ombre sur le destin des équilibristes les plus audacieux. Pourtant, tel le scorpion de la fable, il trouva encore le moyen de monter une invraisemblable combine, ce qui lui valut le respect et l'admiration de ses codétenus.

Que dire de plus ? L'histoire défile, palpitante, tel un film d'aventures à la morale ambiguë. L'expérience des uns peut-elle servir aux autres ? La tentation est trop forte et, comme on sait, le meilleur moyen de résister à la tentation, c'est d'y succomber.

Denis GRIESMAR

# INTRODUCTION

## Faisons connaissance avec M. Ponzi, le champion de l'enrichissement rapide en Amérique, où que vous soyez

« Ponzi est le type qui met l'abondance dans la corne », écrivit Neal O'Hara dans le *Boston Traveler* vers la fin juillet 1920. « C'est le type qui a accumulé des millions à partir d'un timbre-poste. Si les billets de cinq dollars étaient des flocons de neige, Ponzi serait une tempête de trois jours. »

« Il faut dire ça en sa faveur. Il vous fait gagner 50 % en 45 jours, autant qu'une bulle immobilière. Il envoie la marchandise par la poste, ce qu'on ne peut pas dire de n'importe quel bled paumé. À voir comme Ponzi jongle avec les billets, pour lui, la Poste est un jeu d'enfant. Il achète simplement des timbres en Europe, tandis que les autres achètent des cartes postales. Et ces timbres gardent leur valeur en dépit de l'usage qu'on en fait, et n'importe quel gus sait qu'ils ne collent pas aux fesses, sauf à s'asseoir sur la colle. »

« La combine de Ponzi coûte moins cher que d'imprimer de l'argent. À voir comme il a fait avec les timbres, c'est l'État qui fait marcher la planche à billets pour lui. Il étire un dollar jusqu'à en faire un million, sans retrousser ses manches. On lui donne un dollar, et Ponzi ajoute les six zéros derrière. Ce petit bonhomme transforme les virgules en colonnes de mille sur n'importe quel livre de comptes. Quand on voit comment Ponzi accumule de l'argent ici et en Europe, on comprend que l'humanité se divise en écureuils et en noisettes. Le seul problème est qu'on ne sait pas qui fournit les noisettes. »

« On ne sait pas », c'est peu dire. D'après Miss Marguerite Moœrs Marshall, journaliste au *New York Evening World*, Ponzi rendait les gens dingues. Écoutons-la :

« Quiconque a dit que les bons bourgeois de Nouvelle-Angleterre étaient conservateurs a certainement déclaré cela avant la venue de Charles Ponzi. Aujourd'hui tout Boston compte sur lui pour s'enrichir en un clin d'œil, lui, le créateur des fortunes, le moderne roi Midas qui double vos fonds en quatre-vingt-dix jours. Ai-je dit Boston ? C'est une erreur. J'aurais dû dire la Nouvelle-Angleterre tout entière, depuis Calais, dans le Maine, jusqu'au Lac Champlain, de la frontière canadienne au New Jersey. »

« À tous les coins de rue, dans les tramways, derrière les comptoirs des grands magasins, des grands salons aux humbles cuisines, jusqu'aux approches de la Nouvelle-Angleterre, Ponzi est la source de plus d'espoir, de plus d'anxiété, que les généraux conquérants d'autrefois. Mary Pickford, Sir Thomas Lipton et la contrebande d'alcool à la frontière canadienne, sont dépassés. »

« C'est que Ponzi enrichit tout le monde, et vite. Prêtez-lui votre argent, que ce soit cinquante dollars ou cinquante mille, et en 180 jours il vous rend deux fois ce que vous lui avez confié. Il fait ça depuis huit mois, et il continue. »

« Sans autre garantie que sa cote personnelle, Boston déverse toutes ses économies dans les mains de Ponzi. Comme un raz-de-marée, la passion d'investir avec le nouveau banquier italien a dévasté les Bostoniens, au point qu'il a fallu la moitié de la police de la ville pour calmer l'enthousiasme d'une foule d'investisseurs potentiels refoulés de l'agence. »

D'après Miss Marshall, « Ponzi appartient à l'Amérique, le pays de Miller à 520 pour cent, de l'homme qui accapara le blé, de tous les autres Wallingford enrichis en un clin d'œil ».

Quelle que soit la manière dont on doive considérer plus tard le « bon droit et la légalité des méthodes par lesquelles Ponzi, selon ce qu'il avoue volontiers, s'est constitué une fortune pour lui-même, a rendu à des milliers d'investisseurs 50 pour cent de plus que leurs dépôts, a travaillé dans un bureau central de deux pièces, aidé de douze employés, et a accompli cet exploit avec des timbres-poste, sans compter la maîtrise des réglementations postales dans le monde et des opérations de change de devises, plus un concept d'une magnifique simplicité et d'une cohérence qui semble à l'épreuve des balles, sans oublier le sang-froid correspondant », elle trouvait évident pour tout le monde que le talent de Ponzi « serait gaspillé ailleurs qu'en Amérique. »

« Ponzi est bien le premier financier pour s'enrichir rapidement aujourd'hui » – concéda le *Washington Post.*

Lorsque, selon le *Rochester Times-Union,* « un homme ignorant de la finance démontre à Wall Street et aux plus grands financiers du monde qu'ils sont des minables, que la bulle de Ponzi éclate ou non, le peuple américain tirera son chapeau à un homme aussi astucieux », car comme l'a expliqué Arthur B. Reeve, bien que Ponzi puisse être « un produit de conditions déterminées – son succès est cependant le résultat de sa propre, et remarquable, personnalité. Il n'est pas donné à tout le monde de surgir du coin de la rue et de persuader des milliers de passants de confier leur salaire – même en promettant une rentabilité atteignant 400 pour cent par an ». Et le *Washington Evening Star* s'accorde pour dire « qu'il finisse millionnaire ou qu'il soit à la fin démasqué comme escroc, Ponzi restera un personnage remarquable » et que « quel que soit son jeu, il l'a certainement bien joué ».

# M. Ponzi débarque à Boston avec deux dollars cinquante pour ajouter un chapitre à 15 millions de dollars à l'histoire de la finance sur State Street

Le 15 novembre 1903 était un dimanche. Un jour d'automne typique des rivages de la Nouvelle-Angleterre, avec une bruine fine et persistante apportée par un vent d'Est glacé sur des milles et des milles d'océan. L'une de ces journées exaspérantes pendant lesquelles seule l'effigie de la Morue Sacrée du Massachusetts défie les éléments sur Tremont Street et autour du Boston Common sans porter de scaphandre.

Dans le port et sur le front de mer, la bruine et le vent d'Est étaient encore plus forts. Depuis l'étendue de l'Atlantique, ils semblaient converger sur un point situé entre Castle et Governor's Island, souffler avec une plus grande énergie le long de la voie étroite que suivaient les bateaux, et fouetter les milliers de moutons qui ressortaient de la surface sale et ténébreuse de la mer.

Ce dimanche matin, le *S.S. Vancouver* de la Old Dominion Line entra dans le port de Boston peu après huit heures. On le vit progresser lentement et majestueusement, tanguant de temps à autre lorsque le chenal devenait plus profond et inégal. En ce temps-là, un navire de dix mille tonneaux n'était pas un bateau de pêche, et le Vancouver avait toutes les raisons de se sentir aussi fier de sa taille qu'un paquebot moderne de la Cunard.

Un peu plus avant dans le port, le vaisseau s'aligna sur l'appontement de la Compagnie à East Boston. Les passerelles furent abaissées. Une foule bigarrée de passagers qui s'étaient alignés sur les ponts commença à sortir de son flanc et à descendre sur le quai.

C'étaient des immigrants. Des immigrants de diverses nationalités, mais surtout des Italiens. La plupart d'entre eux avaient voyagé dans l'entrepont, certains en première ou en seconde classe. Mais c'étaient tous des immigrants. C'étaient tous des hommes, des femmes ou des enfants qui avaient quitté leur pays natal et étaient venus en Amérique, temporairement ou définitivement, dans le but commun d'avoir de meilleurs revenus, de meilleures conditions de vie et une plus grande indépendance économique.

J'étais l'un de ces immigrants ; un atome de la foule bigarrée qui suintait du flanc du navire ; une silhouette minuscule attifée dans des habits coûteux, de la dernière coupe à la mode en Europe, et suivi sur la passerelle par une paire de stewards chargés de plusieurs valises, grandes et petites, marquées « Première Classe ».

À dire vrai, pour un immigrant, je n'avais pas l'allure du rôle. Rien dans mon aspect ne suggérait l'homme obligé de gagner sa vie ; rien que l'on puisse associer, même de loin, à la pensée du travail manuel, du travail de quelque nature que ce soit ; de la pénurie économique. De la cravate aux demi-guêtres, je faisais penser à un million de dollars tout juste sortis de l'Hôtel de la Monnaie ; tel un jeune gentleman oisif, peut-être comme le rejeton de parents riches faisant un voyage d'agrément. Et cela montre que les apparences ne signifient rien. En fait, j'étais dans le pétrin, à ce moment précis – dans la dèche, dans une situation critique, et cela à huit mille kilomètres de chez moi et à au moins huit cents kilomètres de ma destination finale, dans un pays étranger, sans amis et sans argent. C'était exactement cela. Fauché dès le départ, la totalité de mes ressources en liquide s'élevant à deux dollars cinquante.

Moins de deux semaines auparavant, j'avais quitté l'Italie avec deux cents dollars, la bénédiction de ma mère et une humeur enjouée, en route pour les États-Unis. J'étais parti avec une mission définie et dans un but précis ; en un clin d'œil, m'enrichir.

« Va faire fortune, et puis reviens », m'avaient enjoint mes parents – comme ça, et tout simplement comme si amasser une fortune en Amérique était quelque chose d'inévitable. Ils avaient insisté : « Tu ne peux pas rater ça », pour surmonter mon hésitation. « Aux États-Unis, les rues sont véritablement pavées d'or ; tout ce qu'il faut faire, c'est se baisser pour le ramasser. » Les événements des années qui suivirent montrèrent qu'il y avait davantage de vérité que de poésie dans le pronostic de mon aîné. En fait, j'avais constaté, concrètement, que je n'avais même pas à me baisser pour ramasser l'or. En 1920 on me l'avait jeté tout cuit dans le bec ; et pas une pincée, et avec une petite cuiller, mais en grande quantité et par pelletées.

Quoi qu'il en soit, à peine débarqué sur le quai, sur le sol américain, ma situation était plus que fâcheuse. J'avais encore la bénédiction de ma mère, qui m'avait accompagnée sur le bateau, mais c'était tout. Les deux cents dollars s'étaient réduits à deux dollars cinquante pendant le voyage, un tricheur aux cartes m'en avait pris la plus grande partie, et les pourboires et le bar m'avaient débarrassé du reste. Mon humeur enjouée avait disparu – et j'avais le cœur lourd. En fait, j'étais là avec les assurances prodiguées par mes aînés, qui me résonnaient encore à l'oreille, prêt à ramasser l'or, mais obligé de me rendre compte que j'avais été grossièrement dupé. Il n'y avait pas d'or à mes pieds, ni de pépites jaunes répandues sur le sol ; rien que de la boue ordinaire, une boue noire, collante et épaisse qui recouvrait l'appontement, jusqu'à la grille et au-delà dans la rue, à perte de vue. Rien que de la boue. Et j'étais venu jusque là depuis l'Italie, j'avais parcouru plus de cinq mille milles nautiques de mer bleue et profonde, pour ne trouver que de la boue et des rêves brisés de richesse incalculable acquise sans effort.

La raison pour laquelle Boston ne me retint pas beaucoup plus à ce moment, en cette occasion particulière, ne doit pas être attribuée à un quelconque snobisme de ma part. C'était que ma destination avait été prévue à l'avance chez moi, et que je n'y avais rien changé. On avait décidé que j'irais à Pittsburgh, la « Ville enfumée » de Pennsylvanie, où habitait, croyait-on, un cousin au cinquième degré d'un de de nos cousins au troisième degré. On disait qu'il était entrepreneur dans les chemins de fer, mais en réalité, c'était quelqu'un qui ne dédaignait pas de se livrer à quelques chapardages de bas étage lorsque les occasions de vol à grande échelle se faisaient rares. Ce qui montre que les allégations en général, devant les tribunaux ou ailleurs, doivent être prises avec un certain scepticisme.

Non seulement ma destination avait été prévue à l'avance, mais mes aînés avaient veillé à ce que leurs plans réussissent, et on m'avait fourni les moyens inaliénables d'y parvenir. Astucieux, mes aînés. Ils avaient l'intuition, fondée sur l'expérience, que je pourrais manquer d'argent avant d'atteindre l'autre côté de l'océan, car je m'étais déjà trouvé en rade lors de voyages beaucoup plus courts. Ils m'avaient donc muni d'un billet de chemin de fer prépayé pour Pittsburgh, via New York. Sinon, Boston et moi auraient fait connaissance en ce dimanche de bruine.

En l'occurrence, je ne quittai pas les quais, et, avec le reste des immigrants à destination de New York, j'attendis sur l'appontement jusqu'à ce qu'un train spécial nous prenne vers neuf heures du soir, soit au bout d'une bonne douzaine d'heures dans le froid, dans la boue et sans rien à manger.

Sans aucun doute, on pouvait qualifier ce train de spécial. J'espère que j'explique bien pourquoi. Il était tellement éloigné de l'ordinaire en termes d'inconfort, et de tout, qu'il aurait fait passer un wagon à bestiaux (40 hommes, 8 chevaux) pour un Pullman en comparaison. Il allait à New York en empruntant les lignes du Southern Pacific ou du Santa Fe. C'était sans doute cela, car sinon on ne pouvait expliquer pourquoi il arriva à Grand Central le lendemain après-midi, sauf s'il avait tourné en rond toute la nuit, ou s'était arrêté à tous les passages à niveau, ou avait fait la révérence à chaque poteau télégraphique. Le tortillard bien connu qui traverse le Kansas allait à la vitesse de l'éclair à côté du nôtre.

Lorsque nous atteignîmes New York, j'étais au bord du cannibalisme. Un précurseur du Wimpy, car mon estomac était resté si longtemps vide qu'il s'était ratatiné, et que j'aurais vendu mon âme pour n'importe quel truc dans lequel j'aurais pu croquer, qu'il s'agisse d'un steak de semelle ou d'un putois. Donc, dès que les freins commencèrent à grincer sous la verrière, je me précipitai hors du train et me dirigeai droit vers la sortie.

Le flic de service n'apprécia pas ma ruée hors de la gare ; il étendit les bras et m'arrêta en plein élan. Malgré son étreinte, je me rendis compte que ce n'était pas un de mes frères perdu de vue, et je lui en voulus de son affection déplacée. Nous eûmes des mots, beaucoup, mais je ne comprenais pas davantage son accent irlandais que lui mon italien. C'était un match nul, une impasse, plutôt, et nous fîmes appel à un cireur de chaussures pour arbitrer. La situation s'éclaircit immédiatement. On expliqua au flic que je mourais de faim, et que je voulais d'abord manger, avant de discuter. Il admit que ma hâte, une fois expliquée, était au-delà de tout argument et se retira, et le cireur de chaussures et moi nous dirigeâmes vers le restaurant le plus proche. Nous mangeâmes ; enfin, je suppose qu'il le fit, car j'étais trop occupé par mon propre repas pour faire attention au sien. Il régla la note, mais d'habitude je l'aurais payée, et mes deux dollars cinquante ne me permettaient pas de faire des façons ; je le laissai donc faire, et le remboursai d'une grimace. Après cela, je crois que le cireur de chaussures perdit toute inclination à être accueillant envers les immigrants. Une seule expérience de ce genre suffit à quiconque. Mon appétit doit lui avoir coûté le prix d'un costume avec deux caleçons.

Mon problème suivant était de savoir où se trouvait Pennsylvania Station, qui, dans ce temps-là, n'avait pas été déplacée à New York, et se trouvait toujours de l'autre côté de l'Hudson, mais, évidemment, je ne le savais pas. Tout ce que je savais était qu'il fallait prendre le tramway dans une direction, puis changer pour prendre un autre tramway allant dans l'autre sens, puis traverser quelques pâtés de maisons à droite, puis – Oh, à quoi bon. L'essentiel était qu'il fallait que j'y aille, et que je ne savais ni où ni comment. Notre bon vieux Teddy Roosevelt avait dû ressentir la même chose lorsqu'il essayait de déterminer le cours du Rio da Dùvida dans la jungle brésilienne.

Pennsylvania Station se révéla être l'objet le plus insaisissable que j'aie jamais chassé dans toute ma vie, filles comprises. Chaque fois que je demandais où elle était, elle semblait être juste au coin de la rue – comme la prospérité de M. Hoover. Mais je fis le tour de dizaines de coins et marchai des dizaines de kilomètres, traversant quantité de pâtés de maisons avant de pouvoir établir un contact avec elle, même de loin. Enfin, je finis par y arriver, après avoir découvert qu'il fallait que je trouve un bac pour débarquer du côté New Jersey du fleuve. Mais j'y arrivai épuisé, mort de fatigue – transi. Pendant la plus grande partie de l'après-midi, j'avais erré en traînant ce qu'on appelait un bagage « léger ». Léger, quant à la taille et à l'encombrement, mais pas quant au poids, car j'avais l'impression que c'était du plomb. Et quand Pennsylvania Station parut enfin, je me fichais bien des trains et je me moquais éperdument d'aller ou non à Pittsburgh, ou de frayer avec les Carnegie, les Frick et les Mellon. Tout ce que je désirais, c'était un cercueil ; élastique et confortable, pour y loger mes membres endoloris en vue d'un éternel repos.

# M. Ponzi surgit à Montréal avec un dollar et s'attire bien des ennuis

Avoir débarqué en Amérique sans argent n'était rien à côté de se retrouver sans la moindre connaissance de la langue. Je ne pouvais occuper aucun emploi de bureau car je ne parlais ni ne comprenais un mot d'anglais. Mon peu de connaissances d'autres langues n'était d'aucun secours. De même, ma culture générale ne servait à rien. Étudiant, de physique frêle, je n'étais pas fait pour un travail manuel. Et pourtant, il fallait bien vivre. Et pour gagner ma vie, il fallait que je trouve un emploi.

Pendant les quatre années sans histoires qui suivirent mon arrivée aux États-Unis, j'occupai des postes subalternes. Que je détestai de toutes mes forces. Et où j'étais toujours sous-payé par rapport à mes besoins, et surpayé par rapport à mes mérites. Je travaillais par nécessité, et non par choix. Le résultat net est que je ne fis aucun progrès. Je vivais, c'était tout. Mais vivre, c'est apprendre. Et j'appris. Tous les jours, j'acquérais quelques mots de vocabulaire anglais.

J'essayai toutes sortes de métiers. De commis d'épicerie à voyageur de commerce. De réparateur de machines à coudre à vendeur d'assurances. D'ouvrier d'usine à commis de cuisine ou à serveur. Dans certaines de ces places, je ne fis que passer. Ailleurs, je durai plus longtemps. Souvent, on me licenciait. Plus souvent, je m'en allais volontairement, soit dégoûté, soit pour éviter d'être mis à la porte. Je passais d'une ville à l'autre. Quelquefois en empruntant le chemin de fer. Ou à pied. Pittsburgh, New York, Paterson, New Haven, Providence, puis – Montréal, Canada.

Je ne sais pas ce qui m'y amena. Peut-être un été chaud. Ou le destin. Mais une après-midi de juillet 1907, je débarquai à la Gare Bonaventure, sans bagage et avec un billet d'un dollar en poche. Or un dollar n'était pas grand-chose, non plus qu'aujourd'hui. Avec ou sans étalon-or. Dans un pays étranger, cela représentait encore moins. Mais c'était une motivation suffisante pour m'activer et faire quelque chose.

Je m'activai. À deux pâtés de maisons de la gare de chemin de fer, rue Saint-Jacques, j'aperçus l'enseigne de la banque Zarossi et y entrai tout de go. En moins de cinq minutes, j'étais engagé comme employé. Le premier travail sympathique que j'avais trouvé en quatre ans !

Louis Zarossi et moi nous entendîmes parfaitement. C'était un homme au grand cœur, une bonne nature, aux idées larges, jovial, et, j'ose le dire, au niveau. Beaucoup plus au niveau que beaucoup d'autres, que j'ai rencontrés depuis, avec leur vernis de respectabilité. Bien qu'il faille dire que les événements ultérieurs aient plongé Zarossi dans le discrédit, je trouve – et c'est mon opinion d'expert sur lui – qu'il fut la victime des circonstances et de mauvaises relations, plutôt qu'un homme d'intentions coupables et d'inclinaisons malhonnêtes.

À cette époque, Zarossi avait fait son trou. Sa banque italienne marchait bien. Sa réputation et son crédit étaient des meilleurs. Mais il était influençable.

La ruée habituelle d'affairistes et de parasites sans le sou commença à bourdonner et à s'agglutiner autour de lui. Un homme qui a du succès n'en manque jamais, s'il ne les traite pas mal. Ils sentent le gogo plus vite et plus loin qu'une buse ne le fait d'un cadavre. Ces gens-là l'engagèrent dans un certain nombre d'activités. Les nouvelles entreprises avaient besoin d'argent. Et il commença à puiser dans les comptes de ses déposants; toujours la même histoire, celle de beaucoup de directeurs de banques. Certains le font plus maladroitement que d'autres et se font prendre. D'autres s'en tirent parce qu'ils sont plus malins ou qu'ils ont davantage d'influence politique.

Bref, le moment vint où Zarossi se trouva dans des embarras financiers. Il avait toute confiance en moi, et me fit part de ses ennuis. Il n'était pas du tout insolvable. Mais certaines de ses entreprises ne s'étaient pas révélé très productives et il avait besoin d'un peu de liquide. De sang neuf, pour ainsi dire.

C'est à ce moment qu'arriva à Montréal un de mes anciens camarades de classe. Il était venu au Canada pour voir s'il pouvait faire des affaires. Nous nous vîmes, fêtâmes la chose, et discutâmes. Je lui expliquai la situation de Zarossi. Les présentai l'un à l'autre. Et ils conclurent un accord. Mon ancien camarade se rendit en Italie et revint quelques semaines plus tard avec l'argent nécessaire pour devenir associé de Zarossi.

Tout alla bien pendant quelque temps. Tout baignait. Puis – ce fut la révolution! Certaines des entreprises de Zarossi capotèrent. La rumeur se répandit qu'il était en difficulté. Les banques fermèrent son crédit. Ses déposants commencèrent à retirer leurs fonds.

On ne pouvait pas faire grand-chose pour éviter un désastre. Mais ce qu'il fallait faire, il fallait le faire vite. L'instinct de conservation étant la première loi de la nature, chacune des parties intéressées pensait à elle en premier et – que le diable emporte le reste. Tout comme dans certains désastres maritimes récents, je n'avais rien à perdre, quelle que soit l'issue. Sauf mon travail. Je me tins donc au rôle de spectateur, mais je ne perdis rien de ce qui se passait.

Un Conseil d'urgence fut convoqué en session exécutive pour examiner les voies et moyens permettant de maintenir Zarossi à flot. Le Conseil était constitué de Zarossi, de mon ancien camarade d'école et d'un autre homme appelé Spagnoli. Ce n'était pas son vrai nom. C'était un pseudonyme. Nous ne connaissions pas son vrai nom. La police de sa ville d'origine le savait sans doute. D'où le pseudonyme. Étant dans la confidence de tous, j'étais naturellement le personnage incontournable de la salle du Conseil.

Cet ancien camarade était un individu de type particulier. Bien qu'illettré, il s'était arrangé pour amasser un beau magot. De l'argent sale, sans aucun doute. Mais de l'argent tout de même. Si tout ce qu'on disait de lui était vrai, il aurait dû passer presque tout le restant de sa vie en prison. C'est probablement là qu'il finit après que j'aie perdu sa trace. Je n'en sais rien, et cela m'est égal.

À sa façon, il avait réussi à gagner la confiance de Zarossi. Il n'en fallait pas beaucoup pour cela. Zarossi était toujours prêt à accueillir même un serpent à sonnettes les bras ouverts. Peut-être aussi cet homme avait-il à certains moments prêté de l'argent à Zarossi. Le fait est que « là où Zarossi allait, on était sûr de le trouver ». Comme le petit mouton de Mary dans la chanson.

Lors de la réunion du Conseil d'urgence, mon ancien camarade de classe alla droit au but.

« Louis, dit-il à Zarossi, il faut quitter le Canada. Si tu traînes encore une semaine, on te mettra en prison pour détournement de fonds, et tu n'en sortiras jamais !

– Mais je ne peux pas me sauver ! protesta Zarossi, je ne peux pas quitter ma famille. Je ne peux pas abandonner une affaire que j'ai eu tant de mal à monter.

– Ne sois pas idiot, Louis ! insista l'autre. Ce n'est pas le moment de faire du sentiment. En prison, tu ne pourras rien faire pour ta famille.

– Mais la situation n'est pas désespérée, s'interposa Zarossi. Je n'ai pas besoin de beaucoup d'argent pour m'en tirer.

– Beaucoup ou pas beaucoup, c'est davantage que tu ne peux en mobiliser maintenant, rétorqua son interlocuteur.

–Comment cela ? demanda Zarossi, surpris. Tu m'as dit que tu me prêterais l'argent, non ?

–J'ai dit cela ? Je ne m'en souviens plus, fut la réponse. Quoi qu'il en soit, je ne pourrais pas te donner un sou à l'heure qu'il est. Tous mes fonds sont immobilisés. Je ne vois pas d'autre solution pour toi, à part te tirer. »

Zarossi, privé d'assistance financière à la dernière minute, dut céder. Il accepta de s'enfuir. Il passa un accord par lequel mon ancien camarade devait apparaître comme son principal créditeur, demander sa mise en faillite après son départ, puis offrir de désintéresser les autres créditeurs à hauteur de deux cents pour un dollar. Par ce biais il espérait s'emparer des actifs de Zarossi, qui, s'ils étaient convenablement administrés et liquidés, auraient fourni un intérêt très supérieur à 2 %, et bénéficié au créditeur.

« Va, et ne t'en fais pas, dit-il à Zarossi. Dès que je serai entré en possession de tes actifs, nous partagerons à 50-50. »

Et Zarossi le crut. Mais, d'un bout à l'autre, le filou méditait aussi de le gruger.

En fait, un ou deux jours plus tard, tandis que nous prenions un pot dans un bar rue Saint-Jacques, il demanda à Zarossi de lui donner un faux billet.

« Écris un billet à mon ordre pour une petite somme, et signe Untel, lui dit-il.

– Mais ce serait faire un faux, protesta Zarossi.

– Bien sûr. Je veux que ce soit un faux, admit l'autre. Je veux m'assurer que tu ne reviendras pas au Canada, sous quelque promesse d'immunité, avant que je ne mette la main sur tes actifs. Je dois me protéger. Je garderai le billet, mais je ne l'utiliserai pas contre toi, sauf si tu revenais de ta propre initiative pour mettre à bas mes plans. »

Zarossi fit ce qu'on lui dit. Il lui donna le billet. Je ne me souviens plus de quel nom il le signa. Ni du montant. Quelques jours plus tard, il quitta le Canada et alla au Mexique. Mais avant de partir, il transféra à mon ancien camarade une propriété négociable que la banque possédait dans l'Ouest du pays. Suffisamment pour le rembourser de son investissement. À moi, il confia le soin de sa famille. Une femme et trois enfants. Ou bien quatre ? Je ne me souviens plus. Mais je ne m'attendais pas à ça.

# M. Ponzi tombe de Charybde en Scylla et se demande ce qui lui arrive

Au début, la fuite de Zarossi fit beaucoup de bruit. Certains des déposants furent vraiment odieux. Ils réagirent de la façon la plus désagréable possible. Ils menacèrent la famille de Zarossi. Je reçus même des menaces de mort. Mais les choses se calmèrent au bout d'un certain temps. Comme toujours. Sinon, il y aurait davantage de banquiers pendus aux arbres que roulant en Rolls Royce ou fumant des havanes derrière des bureaux en acajou. Et ça – Dieu nous en garde ! – ce serait une forme d'assurance bancaire qui subviendrait à nos besoins sans faire de manières.

La famille Zarossi quitta son appartement prétentieux et déménagea dans un petit meublé. Nous partagions avec la propriétaire l'usage de la cuisine, de la salle de bains, du salon et de la salle à manger. Je travaillai. Oui, de façon intermittente ; de temps à autre. Les deux aînées allaient aussi au travail. La mère restait à la maison pour faire la cuisine et le ménage.

Nous menions une vie très modeste et retirée. D'ailleurs un peu trop. Nous sortions rarement. Nous passions nos soirées à bâiller jusqu'au coucher. Mais cela ne pouvait pas durer longtemps. J'avais alors 26 ans, et j'étais très sensible au charme féminin. La fille aînée de Zarossi avait 17 ans et était très jolie. L'inévitable se produisit. Nous tombâmes amoureux l'un de l'autre. Et cessâmes de bâiller pendant les soirées.

Mon ancien camarade venait souvent à la maison. Il avait environ mon âge, était tout aussi sensible au charme féminin, et tomba lui aussi amoureux, de la même fille. Mais je l'emportai sur lui. Son amour ne dépassa pas le stade platonique.

Pour ce qui me concernait, le fait qu'il était amoureux de ma petite amie n'affecta pas mon amitié pour lui. Pour la très bonne raison que j'ignorais ses sentiments. J'en eus vent plus tard. Trop tard, en fait, pour me mettre sur mes gardes. Quant à lui, je penche à croire que sa déception le rendit fou. Aucune personne dans son bon sens ne m'aurait fait ce qu'il fit, sauf à être la réincarnation de la perfidie.

Cela se passa pendant l'été 1908. Depuis quelque temps, il me disait qu'il voulait aller dans l'Ouest pour liquider ses intérêts dans les succursales indépendantes de la Banco Zarossi. Elles étaient au nombre de trois. L'une à Sudbury, Ontario; l'autre à Calgary, Alberta; et une à Fernie, Colombie britannique. C'était moi qui les avais créées, et je savais tout sur elles.

Il hésitait à y aller, parce qu'il n'était familier ni avec la langue, ni avec le pays, ni avec les affaires. Il me proposa d'y aller le premier, disant qu'il me suivrait. Je lui dis que je n'avais pas d'argent pour faire un tel voyage. Il me répondit qu'il me fournirait le nécessaire et me laisserait une commission, et j'acceptai d'y aller.

Un samedi, nous convînmes de nous retrouver rue Saint-Jacques. Nous allâmes à la Banque de Hochelaga, où il avait un compte, et il présenta un chèque pour certification. C'était l'heure de fermeture, ou quelques minutes après. Je m'en souviens, parce que l'heure avait un rapport avec son impossibilité prétendue d'encaisser le chèque à ce moment précis. Mais je ne garantis ni la véracité, ni l'exactitude de l'allégation.

Son incapacité à encaisser le chèque semblait rendre impossible mon départ, qui avait été prévu pour le lundi suivant. Je ne pouvais pas partir pour un mois ou deux, pour un si long voyage, sans une valise, quelques habits et diverses affaires. Tous achats que j'avais prévu de faire ce samedi après-midi. Mais il me dit qu'il pourrait encaisser le chèque ailleurs.

Dans la soirée, lorsqu'il vint à la maison, il avait toujours le chèque. Il n'avait rien pu en faire.

« On pourrait peut-être, » dit-il, « l'encaisser dans une des agences d'Hochelaga qui sont ouvertes le samedi soir. Qu'en penses-tu ? On essaie ? »

Je donnai mon accord. Nous sortîmes donc pour aller à l'agence de la rue Sainte-Catherine. Il se dirigea vers le guichet, échangea quelques mots avec l'employé, et obtint l'argent. Environ 400 dollars.

Nous sortîmes de la banque, fîmes quelques achats et retournâmes à la maison pour faire les bagages. Les miens ne remplissaient pas la moitié de la valise.

« Demain j'apporterai des affaires à moi pour la remplir », dit mon camarade en partant.

Le lendemain, il vint m'apporter ce qu'il voulait que je prenne. Surtout des papiers, dans de grandes enveloppes. Il me donna environ 200 dollars en liquide, disant qu'il m'achèterait mon billet dans la matinée et me l'apporterait.

Le lundi avant midi, je sortis faire quelques achats supplémentaires. Je rentrai vers 11 h 30. Au moment où je franchissais la porte, deux hommes en civil m'arrêtèrent, et me conduisirent de force dans ma chambre. Ils me fouillèrent et trouvèrent les 200 dollars. Ils examinèrent la valise, découvrirent un certain nombre de chèques en blanc parmi ses papiers, saisirent le tout, et m'emmenèrent au poste. Là, je me retrouvai sous les verrous, accusé de faux et usage de faux, et mis au secret.

J'étais abasourdi. Je ne savais pas quoi penser. Je n'avais aucune idée de quoi il s'agissait. Pour ne rien arranger, je ne pouvais communiquer avec personne.

Plus tard, je fus transféré du poste de police à la prison. Là, on me permit d'écrire des lettres. Mais je ne reçus jamais de réponse à aucune. Ne reçus jamais de visite. Ne vis jamais un journal. J'étais pratiquement enterré vivant, sans savoir ce qui se passait à l'extérieur.

Les conditions régnant dans la prison défient toute description. L'endroit était sale et infesté de vermine. Dès qu'on me mit dans une cellule, je sus que je ne pourrais pas résister vingt-quatre heures. Je rassemblai donc mes esprits pour me tirer de là. Je me blottis dans un coin du lit, contre le mur, le regard vide, et déchirai une serviette avec mes dents. D'autres détenus, qui passaient, m'observèrent et avertirent le gardien, qui vint et me fit transférer à l'infirmerie.

Là, je lançai quelques cris de guerre et commençai d'escalader une fenêtre grillagée. Deux garçons de salle me saisirent et me mirent une camisole de force. Je me tins tranquille pendant quelques heures. Puis j'agis comme si je revenais d'une crise d'épilepsie. On me retira la camisole de force et on me donna un lit. Cette ruse me permit de rester à l'infirmerie.

Pendant tout ce temps, j'étais en prison. Mais là, les conditions, bien que loin d'être agréables, étaient supportables.

Un jour, probablement environ un mois plus tard, j'appris, par les canaux habituels des prisons, que Zarossi y était également enfermé. Il était arrivé la veille au soir, ramené du Mexique après une procédure d'extradition. Je demandai à le voir, et on me le permit.

Mon ancien camarade l'avait trahi. Incapable de passer un compromis avec les autres créditeurs et de s'emparer des actifs de Zarossi, il l'accusa. Il avait essayé de lui faire du chantage, ainsi qu'à sa femme, sans succès. Il avait donc changé de tactique et demandé l'extradition de Zarossi pour faux et usage de faux.

Zarossi et moi réfléchîmes ensemble et passâmes la situation en revue. Il nous apparut que seul mon témoignage pouvait l'inculper. Car celui de mon ancien camarade ne le pouvait pas. Cependant, étant en prison, je ne pouvais pas échapper à la juridiction du pays. Par conséquent, c'était à moi de décider quoi faire. Ou bien prendre le parti d'un méprisable escroc comme mon ancien camarade, soit celui de Zarossi, un ami, et, de plus, père de ma petite amie. Je ne pouvais pas hésiter. Et je n'hésitai pas. Je décidai de sauver Zarossi, quel que soit le prix à payer.

Quelques jours plus tard, il fut appelé pour une audition. Je fus convoqué comme témoin. Mon ancien camarade parla le premier et accusa Zarossi d'avoir falsifié le billet. Après lui, je fus appelé à la barre des témoins. Je répondis aux quelques questions préliminaires. Puis on me montra le billet falsifié.

« Avez-vous déjà vu ce billet ? me demanda-t-on.

– Oui, monsieur le Procureur, répondis-je.

– À quelle occasion l'avez-vous vu ? », fut la question suivante.

Je relatai les circonstances dans lesquelles je l'avais vu. Dans un bar de la rue Saint-Jacques.

« Qui était présent à cette occasion ? », demanda le Procureur de la Couronne.

Je mentionnai mon ancien camarade et moi-même.

« Y avait-il quelqu'un d'autre ? insista le procureur.

– Non, Monsieur le Procureur. Nous deux seulement, précisai-je.

– N'y avait-il pas Zarossi également ? demanda le procureur, qui se sentait un peu provoqué, car j'étais supposé être son témoin.

– Non, Monsieur. Zarossi n'était pas là », maintins-je.

Le procureur réattaqua sous un autre angle.

« Savez-vous qui a écrit ce billet ? me demanda-t-il à brûle-pourpoint.

– Oui, répliquai-je calmement.

– Qui donc ? poursuivit-il, croyant m'avoir coincé.

– Moi, répondis-je.

– C'est vous ? C'est vous qui avez écrit ce billet ? explosa le procureur à ma réponse inattendue.

– Oui, Monsieur. C'est moi, confirmai-je avec la nonchalance d'un George Washington devant le cerisier.

– En entier », dis-je.

L'audition fut close, immédiatement. Mon ancien camarade quitta la salle du tribunal fou de rage. Le procureur demanda à la Cour d'abandonner l'accusation. Le juge ordonna de relaxer Zarossi, mais lui donna vingt-quatre heures pour quitter le Canada. Je retournai en prison.

Avant que je ne quitte la salle, le procureur, un jeune Italien, vint vers moi.

« Vous avez menti et vous le saviez, me chuchota-t-il dans notre langue maternelle.

– Naturellement. Mais vous ne pouvez pas le prouver, lui répondis-je avec un sourire.

– Je ne vous en veux pas, Charlie, dit-il alors. Zarossi est un sacrément meilleur type que le plaignant. »

De retour en prison, je n'avais rien d'autre à faire que d'attendre patiemment mon propre procès. Zarossi avait quitté Montréal, suivi peu après par sa famille. Leur destination était inconnue. Mon ancien camarade, apparemment, avait également disparu.

Je fus convoqué au Tribunal en octobre, je crois. Là, pour la première fois, j'appris la nature exacte des accusations portées contre moi. J'étais accusé d'avoir falsifié le chèque même que mon ancien camarade avait présenté aux fins de certification et de paiement. J'ai oublié le nom de la personne dont le nom avait été falsifié. Quelque courtier maritime, je pense. Et le montant était voisin de 400 dollars.

Je plaidai non coupable. Les témoins furent appelés à la barre. Il y en avait quatre, il me semble. L'homme dont le nom avait été falsifié, les deux inspecteurs de police et le caissier. Le courtier maritime dit qu'il me connaissait. Que j'étais venu de temps en temps dans son bureau pour le compte de Zarossi. Ce qui était vrai. Il précisa également que le chèque avait été arraché du dessous de son chéquier. Sans aucun doute, c'était également vrai. Mais il fut incapable de dire si c'était moi qui l'avais fait. Il ne m'avait pas vu près de son bureau à ce moment-là.

Les deux inspecteurs affirmèrent avoir trouvé un certain nombre de chèques en blanc dans ma valise et 200 dollars dans ma poche.

« Qu'est devenu cet argent ? demanda le juge. Est-il ici ?

– Non, Monsieur le Président, répondit l'un des inspecteurs. Il a été rendu à la banque.

– Rendu à la banque ? demanda le juge, plutôt surpris. Et de quelle autorité ?

– C'était l'argent de la banque, expliqua le témoin. Nous n'avions pas de raison de le garder.

– C'est trop fort ! interrompit le juge, très en colère. La police prend sur elle de décider ce qui constitue, ou non, une preuve matérielle ! Si ç'avait été l'argent d'un miséreux, il ne l'aurait pas récupéré si facilement. Mais, comme c'est l'argent de la Banque d'Hochelaga, une grande banque, la police devrait s'activer, et en réalité violer la loi, pour s'assurer que la banque ne subit aucun dommage !

Je vais ajourner l'audience et regarder l'affaire de plus près. Je veux savoir qui est responsable de la remise injustifiée de cet argent. C'est dans une large mesure de l'origine exacte de cet argent que dépend la culpabilité ou l'innocence du prévenu. Il a le droit d'être confronté aux preuves alléguées contre lui. Il est le propriétaire légitime de cet argent tant que la somme n'a pas été identifiée avec certitude, au Tribunal, comme appartenant à quelqu'un d'autre. »

Après cette volée de bois vert de la part de la Cour, qui fit les gros titres de la presse de Montréal, je retournai en prison de très bonne humeur. Je me sentais raisonnablement certain que le juge ferait classer l'affaire. Ce qui montre à quel point, à l'époque, je connaissais peu les juges.

En fait, lorsque le procès reprit, l'attitude du juge avait changé. L'incident du liquide était oublié. Le dernier témoin fut appelé à la barre. C'était le caissier.

« Est-ce bien l'homme qui a présenté le chèque et qui en a reçu le paiement ? », lui demanda le procureur en me désignant.

Le caissier dit qu'il « présumait » que c'était moi. Trois mois étaient passés et il ne m'avait pas revu depuis, admit-il. Cependant, il avait l'impression que l'homme qui avait présenté le chèque était plus grand, plus mince, rasé de près, et qu'il était blond. Sa description ne me correspondant certainement pas. Cela ressemblait davantage à celle de mon ancien camarade.

Pour une identification, ça en bouchait un coin ! Mais cela passa. N'importe quoi aurait passé ce jour-là. En outre, je ne pouvais pas intervenir, parce que j'était représenté par un avocat. Cela, je ne l'ai pas mentionné. Mais j'avais un avocat. Il s'était porté volontaire pour me représenter gratis parce que j'avais sauvé son client de la prison.

C'était le moins loquace des membres du barreau que j'aie jamais rencontré. Cal Coolidge était un vrai bavard à côté de lui. Pendant tout le procès, il ne procéda jamais à un contre-interrogatoire des témoins, ne souleva jamais une objection, et ne lança même jamais un regard dans ma direction. La seule chose qu'il fit fut de se lever, apparemment pour plaider pour moi, et dire :

« Monsieur le Président, je recommande mon client à la clémence de la Cour. »

Entendant cela, je tombai des nues. Il avait pratiquement admis ma culpabilité avant que la Cour ne se soit prononcée. D'une certaine façon, je suis heureux qu'il n'ait rien dit de plus. Sinon, on m'aurait pendu !

Je goûtai pour la première fois aux incertitudes du Droit lorsque j'entendis le juge :

« En dépit de la brillante plaidoirie de l'avocat de la défense, les faits m'obligent à déclarer le prévenu coupable de falsification selon les termes de l'accusation, etc. »

Vous vous rendez compte ? Brillante plaidoirie de l'avocat, etc. ! Il aurait pu aussi bien dire : « Comme l'avocat n'a pu élaborer une défense, je suis obligé de conclure qu'il partage ma conviction de la culpabilité du prévenu – et ne rien ajouter. » Ç'aurait été moins raide que ce qu'il fit.

Quelques jours plus tard, la Cour me condamna à trois années d'emprisonnement au Pénitencier de Saint-Vincent de Paul. Dans l'après-midi, j'y fus transféré. Une heure plus tard, ma propre mère ne m'aurait pas reconnu. On me donna un bain, on me rasa, on me coupa les cheveux, on m'habilla d'un uniforme hideux, on me prit une photo d'identité, mes empreintes digitales, on me donna un numéro. J'avais cessé d'être un citoyen. D'avoir un nom à moi. J'étais devenu un numéro !

# En ajoutant deux et deux, M. Ponzi acquiert un esprit analytique et arrive à l'heure inévitable

Le Pénitencier de Saint-Vincent de Paul n'était pas un jardin d'enfants. C'était une prison où l'on faisait son temps chaque minute de la journée. C'était une geôle. Une réplique de l'Old Bailey. De la Bastille. Du Château d'If du Comte de Monte-Cristo.

Depuis la paillasse de feuilles et de rafles de maïs qui me servait de matelas jusqu'aux cachots de la cave, cette prison était bien un lieu de pénitence et de punition. Mais, cela étant dit, je ne peux pas affirmer que j'aie jamais été témoin d'un acte de brutalité ou de cruauté. Les règles étaient strictes. Il y régnait la plus extrême sévérité. Mais les prisonniers n'y étaient pas soumis à des sévices inutiles ni à un traitement inhumain.

Le favoritisme n'y avait pas cours. Chacun était traité selon ses propres mérites, qu'il soit banquier ou ouvrier, Canadien ou étranger. Chacun devait partir du bas de l'échelle et grimper par son bon comportement et son application. L'influence extérieure ne pénétrait pas au-delà de la clôture. Mais il y avait des possibilités d'avancement. Certains travaux étaient plus agréables que d'autres. Des privilèges qu'il fallait gagner, et chaque homme devait gagner ce qu'il obtenait.

Ma première tâche se déroulait dans un hangar où l'on « faisait de petits morceaux. À partir de gros ». C'était tout.

On me demandait de concasser de gros blocs de pierre pour obtenir du gravier avec un maillet pendant sept ou huit heures par jour, et je le fis.

Pendant les deux ou trois mois que je passai dans ce hangar, il me semble que je broyai suffisamment de pierre pour paver le parc national de Yellowstone. J'y devins si adroit que j'eus l'impression qu'on avait dû faire sauter toute une chaîne de montagnes dans les Rocheuses pour me permettre de continuer. Après que j'eus démarré ce travail, la Colombie-Britannique n'eut plus du tout le même aspect. Si l'on m'y avait laissé un peu plus longtemps, j'aurais aplati cette province et l'aurais réduit à l'état de crêpe !

À la fin, ma prouesse fut reconnue, et je fus promus employé à l'atelier de maréchal-ferrant. De là, je montai jusqu'au bureau du Chef mécanicien. Et là, en face de celui du Chef des services administratifs et dans celui du Directeur de la prison, je ne pouvais plus progresser sans sortir de ce lieu.

Comme employé du Directeur de la prison, j'avais autant de liberté qu'on pouvait y en avoir. Je pouvais aller et venir partout à l'intérieur des murs, à tout moment, sans être escorté par un gardien. On me permettait de parler aux autres prisonniers pour raisons de service. Mais, naturellement, un gardien, à douze mètres, était incapable de dire si mes conversations avec d'autres prisonniers étaient officielles ou privées. J'avais donc souvent des conversations. En particulier avec un ancien banquier, parce que ce que je voulais savoir, fût-ce de la pire des manières, c'était comment diable j'avais pu être arrêté un lundi matin pour un chèque falsifié encaissé le samedi soir précédent seulement.

Tout d'abord, il ne semblait pas vraisemblable que la falsification ait pu être découverte dans un délai aussi court. En second lieu, comme mon nom n'apparaissait pas sur le chèque, et que j'étais inconnu de la banque et de la police, il paraissait physiquement impossible qu'on ait pu faire le lien entre le chèque et moi en moins de quarante-huit heures.

Un Monsieur Lecoq ou un Sherlock Holmes n'aurait pas pu remonter jusqu'à moi dans un délai aussi court. Même un sorcier ou un médium n'aurait pas pu. Pour la belle et bonne raison que toute personne douée d'une vision surhumaine se serait de toute façon dirigée vers le mont Pizzoccolo en premier lieu. Alors seulement, peut-être, aurait-il pensé à moi. Mais il était absolument inconcevable que deux inspecteurs qui ne voyaient pas plus loin que le bout de leur nez puissent surclasser, même par erreur, un Lecoq, un Sherlock Holmes, et même un voyant!

Lorsque j'expliquai ces détails à l'ancien banquier, il me répondit que, pour lui, il était clair comme le jour que quelqu'un avait prévenu à la fois la banque et la police.

«Tu vois, me dit-il, ce chèque a été tiré au siège et encaissé dans une agence le samedi soir. Il n'aurait pas pu être transmis de l'agence au siège avant environ 10 heures du matin le lundi.

Les chèques sont généralement gardés dans les banques plus longtemps que ça, deux ou trois jours, quelquefois. Au siège, ils n'avaient aucun moyen de dire qu'il avait été falsifié, car ils n'avaient pas détecté la falsification au moment de la certification. L'homme dont le nom avait été falsifié ne le savait pas et ne pouvait pas le savoir. Il ne l'aurait su qu'à la fin du mois en recevant le relevé de la banque. Il aurait pu aussi l'apprendre si le chèque falsifié avait mis son compte à découvert.

– Donc tu penses que quelqu'un a averti la banque? lui demandai-je.

– Évidemment.

– Mais je crois que personne n'en connaissait l'existence, sauf mon ancien camarade et moi-même, hasardai-je.

– Alors il est clair que c'est lui qui a averti la banque.

– Impossible ! déclarai-je, comme si j'étais effaré par l'énormité de la chose. Je n'arrive pas à croire ça de lui. En plus, il ne pouvait pas me mettre en danger et rester hors de cause lui-même.

– Vraiment ? répondit le banquier, un brin cynique. Réfléchis un peu. C'est toi qui as des ennuis, et lui pas.

– Oui, mais c'est parce que je n'ai pas mentionné son nom, expliquai-je, pour le justifier.

– Eh bien, oui ! Il pensait probablement que tu ne le ferais pas, répliqua le banquier.

– Et pourquoi ?

– Parce que même s'il t'était venu à l'esprit que c'était lui qui était derrière toute cette histoire, tu n'aurais pas pu te disculper en l'accusant. Les faits te dénonçaient tout autant que lui. Vous auriez été inculpés tous les deux. À propos, où est-il maintenant ?

– Je ne sais pas.

– Tu l'as revu ? Il t'a écrit ? Il t'a aidé d'une manière ou d'une autre ? continua l'ex-banquier, en poursuivant son interrogatoire.

– Non, admis-je, de plus en plus impressionné par sa logique.

– Alors, pour l'amour de Dieu, réveille-toi, et rends-toi compte que tu t'es fait avoir jusqu'à l'os ! explosa l'ex-banquier. Prends ta revanche ! Écris à la banque et dénonce-le ! Elle pourrait t'aider à te libérer !

– Oh, je ne ferais pas ça, dis-je, rejetant la suggestion. Si j'ai un compte à régler avec lui, j'irai à sa recherche. Je le rattraperai bien un jour ! »

Je ne me rendais pas compte combien il est difficile de retrouver les traces d'un homme qui se cache. En fait, toutes mes enquêtes sur lui n'allèrent jamais plus loin que la côte Ouest. J'entendis dire qu'il avait acheté quelques salles de cinéma. Qu'il les avait exploitées pendant quelques années. Puis je perdis entièrement sa trace.

La principale raison en était probablement qu'il n'était pas le seul, dans ce territoire, à ouvrir des salles de cinéma. D'autres faisaient exactement la même chose. Adolph Zukor, lui aussi, je crois, était là-bas. Certains prospéraient, d'autres faisaient faillite. Zukor, par exemple, fit fortune. Il monta ou acheta la Paramount. Mais mon ancien camarade disparut comme si la Terre l'avait avalé. Soit il est mort, soit il a tellement bien réussi à modifier son identité qu'il est méconnaissable. Il est vrai que nous ne nous sommes jamais vus face à face depuis. Une telle rencontre pourrait faire toute la différence du monde.

Ce qui m'engagea sur sa trace, ce fut une visite de ma propriétaire à Montréal. Elle vint me voir à la prison peu après ma conversation avec l'ancien banquier. J'étais assoiffé de nouvelles. De nouvelles de ma petite amie. De Zarossi. De tous ceux que je connaissais.

« Zarossi est quelque part aux États-Unis, me dit-elle. Je ne sais pas où. Je n'ai eu de nouvelles de personne.

– Même pas d'Angelina ? demandai-je. C'était ma petite amie.

– Non. Et vous ? Vous a-t-elle fait signe ? s'enquit-elle.

– Non, dus-je admettre avec une certaine réticence. Je n'aimais pas penser qu'elle m'avait laissé tomber si brusquement. À-t-elle cru que j'étais coupable ? demandai-je.

– Je ne peux pas dire. Elle n'a jamais été bavarde, répliqua ma propriétaire. Une fois seulement, elle a remarqué que votre ancien camarade en savait peut-être davantage que nous ne le croyions.

– Vraiment ? Qu'est-ce qui aurait pu le lui faire penser ? dis-je, songeur.

– Je ne sais pas, répondit-elle. Je crois qu'elle ne l'aimait pas beaucoup, parce qu'il la harcelait.

– Il la harcelait ? demandai-je, très surpris. Quand ça ? Après mon arrestation ?

– Non, non. Avant, dit ma propriétaire, quelque peu déçue par mon aveuglement. Qu'avez-vous ? N'aviez-vous rien vu ? N'aviez-vous pas remarqué que lui aussi courait après Angelina ?

– Certainement pas, dis-je. Je découvre.

– Oh, vous, les hommes, vous êtes tous pareils ! déclara-t-elle, presque chagrinée de découvrir que j'étais aussi bête que les autres. Lorsque vous êtes emballés par une fille, vous ne voyez jamais ce qui se passe autour d'elle !

– Vous avez peut-être raison, admis-je sans la moindre confusion. Mais ensuite. Qu'est-il devenu ?

– Je ne sais pas, répliqua-t-elle. Je ne l'ai plus vu après votre arrestation. J'ai entendu dire qu'il était parti dans l'Ouest.

– A-t-il écrit ? lui demandai-je.

– Non, dit-elle. Mais j'ai parlé à un homme qui l'avait vu là-bas.

– Que faisait-il ? demandai-je encore.

– Il semble qu'il ait liquidé les agences, puis qu'il ait monté sa propre affaire, répliqua-t-elle.

– Quelle affaire ? Où ça ? m'enquis-je derechef.

– Je ne sais pas où. Dans plusieurs endroits. Partout, je crois, m'informa-t-elle. J'ai entendu dire qu'il achetait ou montait de petites salles de cinéma sur toute la côte Ouest.

– Alors ça doit marcher pour lui, conclus-je.

– C'est ce qu'on dit », confirma-t-elle.

Cette visite me donna toute l'information dont j'avais besoin pour me rendre compte de ce qui m'était arrivé. Il ne pouvait plus y avoir aucun doute : il m'avait roulé dans la farine. Avec la jalousie pour motif, il avait prémédité et exécuté ce délit. Puis il me l'avait attribué, et avait mené la police jusqu'à ma porte. Et ses affaires marchaient bien, tandis que je moisissais en prison !

Heureusement, il y a une fin à tout. Même à une peine de prison. Et la fin de la mienne approchait. Pas très vite, c'est vrai. Mais quand même. En fait, plus vite que je ne le pensais, car je ne comptais pas sur l'inattendu. Sur la chance. Quoi qu'il en soit, il ne devait bientôt plus y avoir de secret.

Voici ce qui se passa. Un jour, le 13 juillet 1910, j'étais assis devant la machine à écrire dans le bureau du chef des services administratifs. Le Directeur arriva, un papier à la main.

« Charlie, dit-il en me le tendant. Faites-moi tout de suite une copie de ceci.

– Très bien, Monsieur le Directeur », dis-je en prenant le papier. J'introduisis une feuille dans la machine, déposai le document à copier devant moi, et commençai à taper. C'était une communication imprimée provenant du bureau du Gouverneur Général. J'en avais déjà tapé des dizaines du même genre. Celle-là ressemblait à une remise de peine.

Je continuai de taper mécaniquement jusqu'à ce que j'arrive au nom du détenu. Le Directeur me regardait, debout derrière ma chaise. Lorsque j'arrivai au nom, je m'arrêtai, pétrifié. Mes yeux se brouillèrent. Je les frottai avec le dos de la main et regardai à nouveau le nom. Il était écrit noir sur blanc. Il ne pouvait pas y avoir de doute. C'était un nom que je n'avais plus entendu depuis vingt mois ou plus. C'était mon nom !

Le Directeur eut un petit rire et me tapota sur l'épaule.

« Vous l'avez méritée, Charlie, dit-il avec une inflexion paternelle dans la voix. Ce n'est pas à moi de juger si vous deviez être envoyé ici, de toute façon. Mais, pour vous, je suis content que ce soit fini. Filez maintenant et habillez-vous pour prendre le train de l'après-midi pour Montréal. »

Il n'avait pas besoin de me le dire deux fois. Je filai comme une flèche vers l'atelier du tailleur. Je pris le premier costume qu'on me donna. Qu'importe s'il m'allait ou non ? Qui se souciait de l'apparence ? La liberté, voilà tout ce qui comptait. Et deux heures plus tard, j'étais dans la rue, habillé de manière un peu grotesque, avec seulement cinq dollars dans ma poche, mais heureux. J'étais à nouveau un homme libre !

# L'Oncle Sam, en la personne d'un fonctionnaire de l'immigration, joue un sale tour à M. Ponzi

De retour à Montréal ce soir-là, j'allai chez des amis. Je ne pouvais pas retourner à l'Hôtel Windsor avec cinq dollars. Ni nulle part ailleurs, en fait, car cet argent devait me durer jusqu'à ce que je trouve un travail. Mais je ne pouvais pas non plus rester dans la rue. J'acceptai donc l'hospitalité qui me fut offerte par ces gens généreux, m'imaginant qu'en quelques jours je trouverais un emploi.

Cependant, je découvris rapidement que j'étais beaucoup trop optimiste. Quelques visites à des gens que je connaissais, et qui, ordinairement, auraient pu avoir recours à mes services, me convainquirent que je n'avais aucune chance. J'avais fait de la prison ! J'étais un ancien détenu ! Ils ne pouvaient pas m'employer. Ils ne voulaient pas me voir, ni de près, ni de loin.

J'expliquai ma situation à un de mes anciens camarades de classe, qui dirigeait une banque, combinaison de bureau de main-d'œuvre et de transport maritime. Nous avions travaillé ensemble quelques années auparavant. Il me suggéra de quitter Montréal et de retourner aux États-Unis.

« Là-bas, on ne saura rien de ton passé, dit-il, et tu trouveras beaucoup plus facilement du travail.

– J'aimerais bien y aller, répondis-je, mais je n'ai pas assez d'argent pour le billet.

« Où veux-tu aller ? demanda-t-il.

– À New York, je crois, si je peux, répliquai-je. Mais n'importe où ailleurs conviendra. Buffalo, Rochester, Syracuse, partout.

– Pourquoi n'essayes-tu pas une plus petite ville ? insista-t-il, Plus près de la frontière. Tu pourrais trouver un travail de gardien et d'interprète dans un camp. »

Quelques jours plus tard, il me dit qu'il y avait des camps de ce genre aux environs de Norwood et d'Ogdenburg, dans l'État de New York.

« Le billet ne coûte pas cher, dit-il. Tu es vraiment fauché ?

– Je ne suis pas très en fonds, répondis-je. Mais j'ai travaillé plusieurs journées ici et là.

– Eh bien, j'irais, si j'étais toi, insista-t-il. Tu rencontreras probablement quelqu'on que nous connaissons dans ces camps. Nous y avions envoyé beaucoup d'hommes quand nous étions avec Zarossi. »

C'est ce qui me décida. Zarossi avait placé des milliers d'ouvriers dans ce territoire. Tant dans les chemins de fer que chez des entrepreneurs privés. Les hommes de Zarossi avaient construit le Transcontinental. On les trouvait partout. Dans le C. P. R., le Grand Trunk, le B. & M. Des deux côtés de la frontière. Et, en tant qu'ancien employé de Zarossi, j'étais assez connu des entrepreneurs et des chefs d'équipe.

Le matin du 30 juillet 1910, je quittai Montréal. Mon ancien camarade de classe était au dépôt au moment où j'achetais mon billet. Il y avait cinq hommes avec lui. Apparemment, ils allaient dans la même direction que moi. C'étaient des Italiens. De nouveaux immigrants, et il me demanda de m'occuper d'eux.

« Donne-leur un coup de main, Charlie, dit-il. Indique-leur où descendre. Il faut qu'ils changent de train à Norwood. »

Je crois qu'il avait mentionné Norwood, ou un endroit dans le genre.

Le train était un de ces omnibus qui s'arrêtaient en route au moindre hangar, et pendant dix à quinze minutes à chaque fois. Ce tortillard prit presque toute la matinée pour arriver à la frontière, qu'il atteignit aux environs de midi. À la dernière gare côté Canada, il stationna pour ce qui ressemblait à une véritable sieste.

Un fonctionnaire de l'immigration des États-Unis monta à bord et parcourut les voitures, s'arrêtat ici et là pour interroger tous les voyageurs. Il finit par arriver à la hauteur des cinq Italiens et de moi-même, et leur parla en premier. Ils ne comprenaient pas un mot. Alors il se tourna vers moi.

« Ces hommes sont-ils avec vous ?

– Pas exactement, dis-je, mais ils vont dans la même direction que moi et on m'a demandé de les aider.

– Où vont-ils ?

– Je ne sais pas exactement, répondis-je. Quelque part dans les environs de Norwood. Je crois.

– Pourquoi vont-ils là-bas ? », insista-t-il.

Je dus le leur demander avant de pouvoir répondre. Ils me dirent qu'ils y allaient pour travailler. Je crois même qu'ils exhibèrent une lettre pour montrer leur destination.

– D'où viennent-ils ? voulut savoir le fonctionnaire.

– De Montréal, répliquai-je.

– Très bien », dit-il, et il se dirigea vers le wagon suivant.

Cinq minutes plus tard, le train redémarra. L'arrêt suivant était Mœrs Junction, N. Y., du côté américain de la frontière. Indifférents, nous regardions par la fenêtre l'activité qui suit habituellement l'arrivée d'un train, lorsque quelqu'un cria :

– Hé, vous, là-bas !

Nous nous retournâmes et vîmes le fonctionnaire à la porte du wagon. C'était à nous qu'il s'adressait. Pas de doute.

« Descendez du train et suivez-moi », ordonna-t-il. Je transmis ses instructions aux cinq Italiens, et nous obéîmes. Il nous emmena vers un petit appentis. Un genre de bureau. Là il nous informa que nous étions en état d'arrestation. Il nous dit que nous avions violé les lois des États-Unis en matière d'immigration.

Cette même après-midi, on nous transféra à Rouses Point, N. Y., et on nous mit sous les verrous. Quelques jours plus tard, on nous emmena à Plattsburg et on nous mit en prison pour attendre notre procès à l'automne. On me détint pour avoir fait passer en fraude des étrangers aux États-Unis. Les cinq Italiens furent retenus comme témoins matériels.

Rien de tout cela ne tenait debout. Je réfléchis, mais abandonnai. Sans espoir. Enfin, j'eux la chance de pouvoir parler à un Procureur adjoint des États-Unis. Je lui relatai les faits. Il m'écouta.

« Vous avez introduit ces hommes aux États-Unis en violation des lois sur l'immigration.

– Je n'ai rien fait de tel, répliquai-je. Ils sont venus de leur propre volonté. Nous étions simplement dans le même train.

– Mais vous les avez aidés. Vous avez fait l'interprète pour eux, insista-t-il.

– Pourquoi n'aurais-je pas fait l'interprète ? répondis-je du tac au tac. Il me semble que j'ai aidé les deux parties, en tous cas.

– Quoi qu'il en soit, continua-t-il, vous avez effectué une entrée illégale aux États-Unis. Aucun d'entre vous n'avait un permis pour entrer.

– En ce qui me concerne, je ne savais pas qu'un permis était nécessaire, expliquai-je. Comme je suis venu au Canada il y a trois ans, je suis allé aux États-Unis, et revenu, une demi-douzaine de fois sans permis. On ne m'en a jamais demandé. Je n'ai jamais rencontré de fonctionnaire de l'immigration dans le train. Les seuls personnels administratifs que j'aie jamais vus à la frontière étaient des douaniers. Ils sont montés et ont inspecté les bagages.

– Cela ne change rien au fait que cette fois-ci vous êtes tous illégalement aux États-Unis, continua-t-il.

– Je ne vous concèderais même pas ça, lui dis-je. Nous avons été interpellés du côté canadien de la frontière, alors que le train était immobile. Si nous ne pouvions pas entrer, pour telle ou telle raison, il me semble que c'était à ce moment-là qu'il fallait nous en empêcher. Le fonctionnaire aurait dû nous le dire là.

– Ce fonctionnaire n'a pas besoin que vous lui disiez ce qu'il aurait dû faire ou non, interrompit le procureur.

– Oh, mais il me semble que si, lui rétorquai-je, élevant le ton. C'était son devoir de nous prévenir. De nous empêcher de violer la loi. Que nous la connaissions ou non. Au lieu de cela, il nous a littéralement induit en erreur, il nous a poussés à violer la loi pour obtenir une prime. Ce genre d'agent public ne devrait pas exister. C'est lui, et pas moi, qui devrait être accusé d'avoir introduit illégalement ces étrangers.

– Vous chanterez une autre chanson d'ici quelques mois, menaça le procureur avec un regard mauvais.

– Peut-être bien que oui, peut-être bien que non », répliquai-je d'un ton brusque. À ce moment, j'étais prêt à l'envoyer au diable. Si je n'en dis rien, il le lut certainement dans mon regard, car il mit fin à l'entretien.

Tous les cinq, nous languîmes dans la prison de Plattsburg jusqu'à octobre. Et nous ne pouvions fournir une caution. Heureusement, j'avais une cellule pour moi seul, tandis que les autres prisonniers devaient loger ensemble. Je m'arrangeai pour tuer le temps en dormant et en lisant de vieilles revues. Mais la vie en prison, avec sa déprimante oisiveté, commençait à me porter sur les nerfs. Au bout de deux mois, j'étais dans un tel état d'esprit que je ne me souciais plus de ce qui pouvait m'arriver, pourvu que cela finisse.

Évidemment, ce procureur adjoint des États-Unis était un psychologue. Je dirai cela comme ça. Ce n'est pas exactement ce que je pensais. Mais « psychologue » sonne mieux. Il savait ou sentait que j'étais mûr pour n'importe quelle sorte d'approche. Pensez ! Quelle étonnante intuition il avait ! C'était un gâchis que de l'employer là où il était ! C'était un escroc-né ! Capable de détecter un gogo, et de s'en jouer, mieux qu'un professionnel.

Il m'envoya chercher. Me dit à quel point il était désolé de toute cette histoire. Qu'il n'aimait pas du tout faire ça. Mais que son devoir était clair. Il avait juré de défendre et de sauvegarder la Constitution, etc. Il ne me vint pas à l'esprit de lui dire que la Constitution avait été sauvegardée si longtemps qu'elle était momifiée ! Au lieu de cela, je fus tellement attristé de sa situation qu'elle me fit presque pleurer ! Il était sans nul doute honteux qu'un polisson comme moi puisse mettre un homme aussi honorable dans un tel pétrin !

La situation était si tendue que je m'attendais à tout moment à le voir s'effondrer sur moi et pleurer ! J'avais peur. Le costume de prisonnier que je portais n'avait pas été traité pour qu'il ne rétrécisse pas au lavage. Une bonne séance de pleurs, et il aurait été mouillé partout. J'aurais eu l'air d'un groom en short !

« Charlie, me dit-il (on m'appelle toujours Charlie quand on veut me coincer). Je veux t'aider. Tu es un bon gars. Veux-tu que je te donne un conseil ?

– Oui, répondis-je avant de savoir quel était ce conseil. Je ferai tout ce que vous dites, mon p... » J'allais dire « mon pote » mais je me corrigeai et dis « monsieur ».

« Eh bien, plaide coupable, insista-t-il avec un air engageant.

– Pas de problème ! » Je sautai en l'air. J'aurais pu ressentir de la compassion. Mais pas tant que ça.

« Ne t'excite pas, Charlie, ronronna-t-il, Je suis ton ami. C'est pour ton bien que je te donne ce conseil. Si tu parviens jusqu'au procès, tu seras déclaré coupable. Les preuves sont contre toi. Le juge croira le fonctionnaire. Il ne te croira pas, parce que tu as fait de la prison. Tu seras battu avant de commencer. »

Sur ce point, j'étais d'accord avec lui. Je ne le lui dis pas. Mais même alors, je savais qu'on n'avait aucune chance lorsqu'on attaquait l'Administration sans avoir de fric ni d'amis influents. Mais je ne capitulai pas tout de suite.

« Si je suis déclaré coupable, ce ne sera pas pire que si je plaide coupable, dis-je.

– Oh, mais si, me contredit-il. Le juge aura moins tendance à être indulgent. Il pourrait t'envoyer en prison pendant longtemps. Faire un exemple. La peine est de deux ans et une amende de mille dollars pour tout étranger. Mais dans ton cas, il te donnerait dix ans et cinq mille dollars d'amende.

– Bon, et si je plaide coupable, qu'est-ce qui se passera ?

– Pas grand-chose, je crois, dit-il en haussant les épaules. Peut-être une amende de cinquante dollars.

– Mais je ne peux pas payer l'amende, lui dis-je. Je n'ai pas cinquante dollars.

– Dans ce cas, tu feras un mois de prison, expliqua-t-il.

– Vous êtes sûr ? insistai-je.

– Pratiquement sûr, confirma-t-il. C'est à moi de recommander la peine. Les juges suivent toujours les recommandations du procureur de district.

– Et vous promettez de me laisser partir avec une amende de cinquante dollars si je plaide coupable ? lui demandai-je à nouveau.

– Oui, dit-il. Je te promets que je parlerai au juge. »

C'est ce qu'il fit ! Mais Dieu seul sait ce qu'il dit au juge ! Je tins parole. Je plaidai coupable. Puis le procureur alla à la barre. Il tendit certains papiers au juge. Il lui murmura quelque chose à l'oreille. Le juge jeta un coup d'œil sur les papiers et me regarda du coin de l'œil. Puis il dit :

« Oh, à quoi bon ! Deux ans et une amende de cinq cents dollars ! » et passa le papier au greffier.

Quelqu'un, un officier de police, je crois, me prit par le bras et m'emmena hors du tribunal avant que j'aie eu le temps de me rendre compte de ce qui s'était passé. S'il ne l'avait pas fait, j'aurais pu être encore accusé de coups et blessures, et d'outrage à magistrat. J'étais fou à lier !

Quelques jours plus tard, avec quatre autres prisonniers fédéraux, accompagnés d'officiers de police, nous nous dirigeâmes vers le Sud pour purger nos peines respectives dans la prison des États-Unis à Atlanta, en Géorgie.

Les cinq Italiens furent élargis juste après mon procès. On leur régla des allocations pour un peu plus de deux mois en tant que témoins officiels. On leur donna l'autorisation légale de séjourner aux États-Unis ! Pouvez-vous, lecteur, vous imaginer ça ? Moi non. J'ai essayé depuis, mais sans succès.

# M. Ponzi échange une prison de comté de deux pieds sur quatre contre un pénitencier fédéral à dix millions de dollars

Lors de notre voyage vers le Sud, nous voyageâmes en Pullman, prîmes nos repas au wagon-restaurant, et nous prélassâmes dans nos sièges comme des touristes. À Washington, nous déjeunâmes dans un restaurant prétentieux près de la gare. Puis nous fîmes une promenade dans le parc du Capitole. Nous aurions pu entrer, mais nous eûmes peur d'embarrasser certains de nos compagnons de voyage.

Nous ne visitâmes pas non plus la Maison Blanche. Le président Taft se fit excuser. Il avait à faire. Probablement, se demander comment il pouvait battre Teddy Roosevelt aux prochaines élections présidentielles. Mais peut-on se fier aux chiffres ?

À Atlanta, les officiers de police nous emmenèrent dans un « bar » (!) pour prendre un remontant. Quelque chose pour nous remettre avant l'épreuve d'une peine de prison. La boisson la plus forte, là, était une pseudo-bière ! En fait, c'était si loin de ressembler à de la bière qu'il aurait fallu la brasser pendant cent sept ans pour obtenir quelque chose de potable. Nous bûmes, et fîmes la grimace. Presque à tomber dans les pommes !

Le Pénitencier des États-Unis nous sembla un régal pour les yeux. Cela ne ressemblait à rien de ce que nous avions vu auparavant. En tous cas, pour moi. Dans ce temps-là, il avait la réputation d'être un Biltmore, un Ritz-Carlton dans son genre. Et sa réputation n'était pas usurpée ! Et pourquoi pas ? C'était le séjour potentiel de tout homme d'importance dans le pays. « D'importance » du point de vue de la richesse, du pouvoir ou de l'intelligence. Des ministres et membres du Congrès aux directeurs des banques nationales et aux agents des postes. Depuis les fraudeurs du fisc jusqu'aux vendeurs d'alcool de contrebande et aux détrousseurs de trains postaux. Et il est évident que ces oiseaux-là, sachant qu'il vaut beaucoup mieux prévenir que guérir, allaient prendre le nouveau Willard comme modèle pour « leur » prison. Ils se disaient probablement que, comme il fallait que ce soit une cage, autant que ce soit une cage dorée.

Je n'eus pas grand-peine à y trouver un emploi de bureau. Il y en avait un qui m'attendait. À la buanderie. Cependant comme je savais l'italien, l'anglais et le français, j'eus une promotion. Je fus transféré au bureau du responsable du courrier, qui d'ailleurs est devenu le Directeur actuel de cette institution. À part recopier des adresses et mettre sous enveloppe, je devais traduire en anglais et typographier tout le courrier entrant et sortant, s'il était écrit dans l'une des langues étrangères qui m'étaient plus ou moins familières. En particulier, toute la correspondance de et pour Ignazio Lupo et ses supposés complices dans ses activités criminelles.

Lupo était considéré comme un précurseur d'Al Capone. Il avait été condamné à 30 ans d'emprisonnement pour faux monnayage. Tout comme Al Capone aujourd'hui, qui en fait onze pour fraude fiscale. En réalité, Lupo était sous les verrous pour tous les crimes qui lui étaient attribués. Entre autres choses, il était réputé avoir commandité l'assassinat en Sicile du lieutenant Petrosino de la police de New York.

Loin de moi l'idée de défendre le meurtre ou n'importe quelle forme de délit. Je pense qu'un homme doit être puni lorsqu'il a mal agi. Mais je pense aussi qu'il doit être traité selon la gravité de l'affaire. Qu'il ne doit être puni que pour ce qu'il a vraiment fait. Et non pas surpuni, pour une infraction mineure ou pour quelque chose qu'il n'a jamais fait, même si cet individu mérite dix fois pire pour d'autres choses qu'on ne peut pas prouver contre lui.

Ses autres crimes ou délits supposés ? Je ne veux pas le savoir. Je m'en moque et cela ne m'intéresse pas. C'est quelque chose qui se passe entre lui et son Créateur, et cela ne me regarde en aucune manière.

Lupo m'aborda dans la cour de la prison à l'occasion d'une récréation sportive. Il me demanda si cela me dérangerait d'habiter dans la même cellule que lui. Il me dit que le personnel pénitentiaire, agissant sur instructions, lui envoyait un indic après l'autre comme compagnon de cellule. Ce qui était vrai. Ils le rendaient fou. Il voulait quelqu'un dont il serait sûr qu'il ne serait pas simplement là pour lui nuire.

Sa situation était pénible. Passant par-dessus le fait qu'un homme condamné à 30 ans de prison avait peu de chances d'être un gai compagnon, je lui dis que je demanderais à déménager dans sa cellule. Et je lui découvris beaucoup de qualités. Il avait bon cœur.

Franc, direct, et avec « quelque chose dans le ventre ».

Lorsque je me fus familiarisé avec son histoire, je fus convaincu qu'il avait été utilisé pour favoriser l'avancement de l'un des officiers du Service Secret des États-Unis. Si j'avais besoin d'une preuve, elle me fut donnée lorsque je fus libéré de la prison d'Atlanta. J'avais promis à Lupo que je prendrais contact avec la rédaction de l'*Atlanta Constitution* et de l'*Atlanta Journal* et que je leur livrerais les faits. Je tins ma promesse. Mais les directeurs des journaux parlèrent, et le Service Secret en eut vent. Un jour, deux de ces types me coincèrent dans Peachtree Street et m'avertirent de ne pas me mêler à l'affaire Lupo.

Ils me menacèrent : « Si tu continues, en une semaine, on te renverra avec lui pour un bon bout de temps, » et telle était bien leur intention.

De toute façon, les preuves de l'activité du Service Secret ne manquaient pas, même en prison. Un opérateur, un Italien, avait été attaché au bureau du responsable du courrier comme assistant. Il portait un uniforme et faisait également fonction de gardien.

Mais son rôle principal était de vérifier mes traductions en général, et celle des lettres de Lupo en particulier, et d'en transmettre copie à Washington. Ce que le Service Secret cherchait, c'était des preuves de l'implication de Lupo dans d'autres délits. On supposait qu'il serait suffisamment idiot pour se trahir un jour ou l'autre, s'il y avait matière à cela. Et ils ne cessèrent pas de croire que j'étais son compagnon de cellule et que je l'aidais à écrire toutes ces lettres. Lettres que, je le savais, j'aurais ensuite à traduire pour leur édification ! Au paradis des ânes, ils méritaient sûrement d'être les rois !

Mon travail me permettait d'échapper à la cellule les dimanches et jours fériés. Pas pour travailler. Simplement pour traîner dans le bureau avec les autres employés. Pour fumer, discuter ou jouer aux dames ou aux échecs. Nous avions avec nous Charlie W. Morse, le même homme qui avait côtoyé les Grands Manitous de Wall Street. Le même homme qui, disait-on, avait tranquillement reçu un million de dollars d'une compagnie de navigation à sa sortie de prison.

Charlie Morse était un type épatant. Plein de fric. Aux idées larges. Très sociable. Et extrêmement bien versé dans la finance de Wall Street. Il pouvait lire à l'envers les cours de Bourse.

Un jour, il entra dans le bureau de M. Moyer, chef du service de gardiennage, et lui demanda le privilège d'envoyer un télégramme codé à ses courtiers. M. Moyer, au bout de longues tractations, lui en donna finalement l'autorisation. Il lui enjoignit de ne pas en prendre l'habitude, et de n'envoyer que celui-là. Ce que fit Charlie.

Quelques jours plus tard, il retourna dans le bureau du gardien et lui tendit un chèque au porteur de deux mille dollars. M. Moyer lui demanda à qui il était destiné et pour quoi faire.

« C'est pour vous, lui dit Charlie. C'est votre part de la transaction que j'ai conclue avec mon télégramme codé. »

Il avait vraisemblablement gagné une grosse somme d'argent avec une transaction en Bourse. Mais M. Moyer n'aimait pas ça du tout. Il refusa le chèque et l'engueula. Il le menaça même de le mettre au cachot. Charlie laissa passer la tempête, qui glissa comme de l'eau sur les plumes d'un canard. Mais on ne lui permit jamais plus d'envoyer un autre télégramme. Pas depuis ce Pénitentier des États-Unis, en tous cas.

Charlie n'y voyait peut-être pas d'inconvénient. Il avait tout l'argent qu'il voulait. Plus de sept millions de dollars, disait-on. De toute façon, il ne resta pas longtemps en prison. Il avait été condamné à 15 ans. Mais il n'avait pas l'intention d'exécuter sa peine en entier.

Tout le monde sait qu'il avait engagé comme avocat Harry M. Daugherty, connu pour ses liens avec le cabinet du Président Harding. Personne ne sait à quel tarif. Mais, des années plus tard, selon la presse, Daugherty prétendait toujours que Morse lui devait 50 000 dollars.

Daugherty examina l'affaire Morse du point de vue de Washington. Charlie se mit à manger du savon et d'autres produits, et présenta bientôt les symptômes d'une ataxie locomotrice, ou de la maladie de Bright (insuffisance rénale chronique – IRC). Je ne sais plus laquelle des deux. Et puis, après tout, cela ne fait rien. Mais on lui délivra un certificat comme quoi il était dans un état désespéré, avec un pronostic mortel immédiat. Il fut transféré à Fort Oglethorpe, en

Géorgie. Quelques mois plus tard, il fut gracié par le Président Taft, ayant fait, au total, un peu plus de deux ans sur une peine de quinze. Naturellement, une fois libéré, il refusa de mourir. Je crois qu'il vécut encore quelque douze ans.

Je restai à Atlanta jusqu'à l'expiration de la totalité de ma peine, plus un mois supplémentaire pour l'amende. Je n'obtins pas de liberté conditionnelle. En fait, pour une raison que j'ai oubliée, je ne la demandai pas, en dépit de ma bonne conduite. Je fus libéré sans condition en juillet 1912. On n'essaya pas de m'expulser.

## « Faites appeler M. Insull ! » pour la Ponzi Power, Light & Water Company de Blocton, Alabama

Ma rencontre sur Peachtree Street avec les deux hommes du Service Secret me convainquit qu'Atlanta, comme dit la plaisanterie, n'est pas « un endroit à fréquenter pour un fils de pasteur ». De fait, comme le reste de la Géorgie, ce n'était un endroit pour personne, sauf pour un « cracker » natif du lieu. Le Ku Klux Klan y était très actif. Les rues de Marietta étaient encore tachées du sang de Leo Frank.

Je me fis tout petit, fissa fissa, et même plus vite que ça. « Lorsque le teuf-teuf de minuit lança son sifflet de départ pour l'Alabama », j'y étais. Mais d'abord, pourquoi l'Alabama ? Simplement parce que l'Alabama était dans la direction de l'Ouest. « Go West, young man, go West ! »

Quelques années plus tard, des astrologues me dirent que j'avais eu entièrement tort. Je n'aurais jamais dû partir pour l'Ouest. Mes étoiles pointaient vers l'Est, selon eux. Et ils avaient raison. Pour s'ouvrir l'esprit, un homme devrait toujours voyager dans la direction du soleil. Tout discoureur sait ça. Mais d'un autre côté, les routes de l'Est sont si encombrées de franc-maçons que le voyageur doit faire la queue toute la soirée pour accéder aux guichets de vente des billets avant eux.

Quoi qu'il en soit, j'atterris à Birmingham. Je ne pouvais pas y échapper. Enfin, à moins de jaillir du train comme une catapulte. Et si je n'y étais pas allé, ça ne m'aurait pas manqué. La seule chose intéressante que j'y trouvai était un charlatan. Une vieille connaissance de Providence.

Ce charlatan avait une infirmerie. Qu'il ait eu ou non une licence pour pratiquer son « art » est une toute autre question. Peut-être était-ce le cas, peut-être non. À Providence, il n'en avait pas. D'ailleurs, c'est pourquoi il avait dû s'enfuir précipitamment. Mais à Birmingham, il en avait peut-être une. Si c'était le cas, je ne sais pas comment il avait fait, car le seul « médicament » qu'il avait jamais pris était de l'huile de ricin quand il était enfant.

J'aperçus son enseigne au-dessus de l'infirmerie, et le nom m'attira. Il m'était familier. Par curiosité, j'entrai pour savoir s'il existait deux praticiens avec une enseigne identique, ou deux enseignes pour le même « docteur. » Dès que je le vis, nous nous reconnûmes.

Nous discutâmes. Il fut très franc quant à ses activités. Avec moi, il ne pouvait en être autrement. L'infirmerie était un « racket, » expliqua-t-il. Un bon racket. Il faisait son beurre ! Avec quoi ? Avec de fausses déclarations contre les entreprises charbonnières !

Voici comment cela marchait. Il envoyait ses agents un peu partout. Dans tous les camps miniers. Ils étaient rémunérés à la commission. Dès qu'un mineur était victime d'un accident, en particulier un accident bénin, l'agent du charlatan le persuadait d'exagérer la blessure, pour qu'elle ait l'air d'une lésion interne, et de refuser toute indemnisation proposée par l'entreprise.

Immédiatement, ou en temps opportun, selon la nature de la blessure, la victime se retrouvait à l'infirmerie du charlatan. Il y restait des semaines, ou peut-être des mois, menant une vie de pacha. Rien n'était trop bon pour lui. Le charlatan informait l'entreprise de son état, et attestait de n'importe quelle sorte de lésion interne. À la fin, il fallait discuter d'une indemnisation. Laquelle incluait invariablement des honoraires médicaux et des factures d'infirmerie pour un montant qui aurait stupéfait même un patient d'une clinique de Johns Hopkins ou de Mayo. Sans compter que l'entreprise devait payer des dommages-intérêts à la victime elle-même. En plus, le charlatan touchait également la moitié des dommages-intérêts.

L'infirmerie était toujours pleine, ce qui n'était pas difficile à comprendre. Lorsque les véritables accidents se raréfiaient, on en inventait de faux. Un mineur se faisait jeter quelques morceaux de charbon à la figure par un « copain ». On empilait du poussier. On demandait de l'aide. Et on signalait un « effondrement ». Le mineur se plaignait de blessures légères. Le charlatan les attestait et les comptabilisait. Ce qui montre bien que Barnum avait raison. Des gogos, il en naît tous les jours. Et ils firent de lui un spécialiste des réclamations contre une société minière ! C'était la belle vie, tant qu'on tenait le rythme !

J'avais une magnifique occasion d'entrer dans ce racket des accidents. On m'offrit du travail. Non pas pour mon savoir superficiel en médecine. Mais plutôt pour ma connaissance intime des méthodes et des antécédents du charlatan. Mais le chantage, ce n'est pas mon truc. Je laisse pisser le mérinos. D'ailleurs, j'avais l'impression que cette infirmerie allait me faire retomber dans les ennuis. Dans ces gangs à la chaîne de l'Alabama. Et je m'en tins le plus éloigné possible.

Au lieu de quoi j'allai à Blocton, ville minière qui comptait beaucoup d'Italiens, parmi lesquels j'imaginais que ma connaissance de l'anglais serait utile. En fait, je réussis à gagner ma vie, quelquefois en faisant l'interprète ; ou encore en aidant les commerçants du coin à tenir leur comptabilité ; de temps en temps, comme infirmier pour un mineur meurtri.

La vie était loin d'être ennuyeuse dans cette petite ville. Entre les baptêmes, les mariages et autres célébrations, nous passions davantage de bon temps que dans une grande agglomération. C'était comme une grande famille heureuse. Une véritable fraternité d'intérêts, d'entreprises en commun et de rapports de bon voisinage. Hommes, femmes et enfants étaient tous unis par le même espoir et la même crainte de leur seigneur et maître, le capricieux Roi Charbon. La bonne humeur connaissait des hauts et des bas dans ce camp selon les caprices du Roi, selon qu'il était abondant ou pas, avec des tonnes de précieux minerai noir, ou avec son effrayante destruction de vies humaines !

Ce fut dans mon rôle d'infirmier que je découvris rapidement ce qui n'allait pas dans cette colonie. Il n'y avait pas l'eau courante. Pas d'électricité. L'eau venait de puits et de sources. L'éclairage se faisait à la bougie et à la lampe à pétrole. Administrer des secours d'urgence dans ces circonstances n'était pas du gâteau. Pourtant, il fallait le faire, car l'hôpital était à plus de trois kilomètres, et il fallait y aller à pied.

Je décidai que le camp devait être alimenté en électricité et en eau courante. Pour moi, décider, c'est agir. Même à cette époque, je ne traînais pas pour lancer un projet. Pour la bonne raison que, chez moi, l'argent est toujours la dernière considération, plutôt que la première. Pourquoi se soucier de l'argent ? Il y en a toujours si on en cherche. Le principal est d'avoir une idée. Une idée convaincante que l'on puisse rendre présentable et vendre.

Tout ce qu'il me fallait pour l'unité de traitement des eaux et la centrale électrique, c'était un moteur à essence, une pompe, une dynamo et un réservoir. Le camp était en pente sur une colline. Au sommet de la colline, et sur une partie de l'autre pente, il y avait un autre quartier, petit mais plus chic, pour les gens du cru. En bas de cette pente, il y avait un ruisseau. Toute la population était organisée sous l'autorité d'une charte, et disposait d'une sorte de Conseil municipal.

Il ne fallut pas beaucoup d'effort pour convoquer une assemblée. Une affiche fut apposée. Les gens se passèrent la nouvelle. Et un dimanche après-midi, nous nous retrouvâmes tous à l'hôtel de ville. On m'introduisit, et je pris la parole.

« Messieurs, dis-je, ne perdons pas de temps en paroles inutiles. Nous sommes ici réunis pour examiner les voies et moyens, et l'opportunité, de fournir à tous les logements d'ici l'eau potable et le courant électrique. J'ai fait un examen superficiel de la proposition, et trouvé qu'il serait commode de pomper l'eau du ruisseau dans un réservoir au sommet de la colline, et de la distribuer à partir de là. Le même moteur qui ferait marcher la pompe pourrait également actionner la dynamo pour le courant électrique. Je ne peux pas, à ce stade, vous fournir de chiffres quant au coût de l'installation, des tuyaux et des fils électriques. Je n'ai pas d'argent pour les payer.

« Ce que je propose est de faire faire une estimation du coût. Ensuite je formerai une société et demanderai à chacun d'entre vous de souscrire une ou plusieurs parts de ses actions de priorité. Suffisamment pour couvrir le coût. Je souhaite conserver le contrôle des actions ordinaires pour mes propres services et vendre le reste pour couvrir les frais généraux et autres dépenses d'urgence de la société.

« Les prix de l'eau et du courant électrique seront déterminés par le Conseil municipal dès que j'aurai pu présenter des chiffres pour les dépenses de fonctionnement de l'installation et pour l'amortissement des actions de priorité. Je compte que ces prix laisseront une marge raisonnable de profit pour les actions ordinaires. Tout en étant désireux de promouvoir le bien-être de cette municipalité, il me semble que j'ai quelque droit à être rémunéré pour mon temps, mon énergie et mes services.

« Dans l'immédiat, je demande le vote d'une résolution approuvant mes activités et efforts, et ordonnant au Conseil municipal de m'attribuer un titre foncier pour le terrain nécessaire pour l'installation et le réservoir, et une concession pour exploiter les canalisations et les fils électriques. Je vous remercie. »

La résolution fut adoptée à l'unanimité. Quelques jours plus tard, j'obtins la concession lors d'une réunion extraordinaire du Conseil municipal. Je fis envoyer, par une entreprise de fourniture d'énergie, quelques ingénieurs pour faire le plan de l'ensemble et me donner quelques chiffres. En un mois environ, l'installation se serait matérialisée.

Mais il se produisit un événement qui bouleversa mes plans. Il arrive toujours quelque chose ! Cela ne manque jamais. Quelque chose de si entièrement inattendu que cela me prit au dépourvu. Comme un pot de fleurs qui vous tombe sur la tête depuis une fenêtre du troisième étage.

Cette fois, ce fut un accident. Pas à moi. À l'une des infirmières de l'hôpital de l'entreprise. Pearl Gossett, elle s'appelait. Elle faisait cuire le repas d'un malade sur un réchaud à gaz. Le réchaud explosa. Elle fut très gravement brûlée. Tout son bras gauche, et une partie d'un sein et de l'épaule, n'étaient qu'une masse de chair carbonisée.

Quelques jours après l'accident, le Dr Thomas, médecin de la Compagnie, vint au camp. Nous étions en très bons termes. Il ne manquait jamais de me rendre visite lorsqu'il venait au camp. Ce jour-là, il n'y manqua pas. Il descendit chez moi, et nous prîmes une bière. Notre conversation aborda le sujet de l'infirmière.

« Comment va Pearl ? demandai-je. Elle va mieux ?

– Elle est au plus mal, dit le docteur. Dans un état presque désespéré. La gangrène s'installe.

– On ne peut rien faire pour la sauver ? demandai-je.

– Une greffe de peau, peut-être, répondit-il. Je voulais l'essayer. Mais je ne trouve aucun volontaire pour donner ne serait-ce qu'un pouce de peau pour elle. »

Il me dit qu'il avait demandé à tout le monde dans le camp. Il n'avait essuyé que des refus.

Je trouvais injuste qu'une jeune fille comme Pearl soit exposée à une mort aussi horrible. Cette infirmière avait été si gentille envers ses patients qu'il semblait inconcevable qu'elle récolte une telle ingratitude. Mon sang ne faisait qu'un tour à penser que quiconque puisse être égoïste au point de refuser lâchement un seul pouce de sa propre peau pour sauver une vie humaine.

« Combien de pouces de peau voulez-vous au total, docteur ? lui demandai-je.

– Quarante ou cinquante, je crois, dit-il. Mais je n'en trouve même pas dix dans une collectivité de plus de 2000 personnes.

– Ce n'est pas vrai, docteur, dis-je. Vous les avez trouvés. Je vais vous donner toute la peau qu'il vous faut.

– Vous ? dit-il, comme s'il avait peur de mal comprendre. Vous ? Vous donneriez la totalité ?

– Oui, docteur, confirmai-je, Je le ferai. Quand voulez-vous ?

– On ne peut plus remettre l'opération très longtemps, répondit-il. Mais je ne veux pas vous presser non plus. Vous voudrez peut-être vous préparer. Rassembler votre courage, pour ainsi dire. Quand pensez-vous être prêt ?

– Je suis prêt maintenant », lui dis-je.

Le Dr Thomas prit le temps de bien me regarder avant de répondre. Il voulait s'assurer que je ne reculerais pas. Manifestement, ce qu'il vit dans mes yeux le décida.

« Très bien. Venez, dit-il. Mais il vaut mieux mettre votre manteau », ajouta-t-il avec un pétillement dans les yeux, notant que dans mon impatience de le suivre, j'y allais en manches de chemise.

Ce soir-là, on me mit sur le billard.

Avant qu'on ne m'anesthésie, je voulus savoir de quelle partie de mon corps on allait m'enlever la peau.

« De la cuisse, dit le Dr Thomas. À propos, sur quelle jambe faisons-nous le prélèvement ? demanda-t-il.

– Cela m'est égal, lui dis-je. Les deux, s'il le faut. »

C'est ce qu'il fit. Lorsque je revons à moi, mes deux jambes étaient enveloppées de pansements, de la hanche au genou. Et douloureuses ! Oh, mon Dieu ! Mais qu'est ce qu'une douleur aux jambes, entre amis ? Rien du tout ! En fait, je restai à l'hôpital pendant la presque totalité des trois mois qui suivirent. En convalescence ? Non. À donner davantage de peau par mensualités. suffisamment pour fabriquer deux valises. Mais je dis cela sans regrets. Ce fut probablement utile pour sauver la vie de cette infirmière. Enfin, sinon sa vie, du moins son bras. Quoi qu'il en soit, je suis content d'avoir fait quelque chose pour aider une de mes semblables. En dépit de ce que cela a pu me coûter.

Sans aucun doute, je souffris physiquement. L'épreuve fut très douloureuse. Et puis, je courus le danger de complications. La pneumonie, par exemple. Mais je n'attrapai rien de plus qu'une pleurésie. Sur le plan économique, cela réduisit à néant ma centrale ! Mais là encore, on peut dire : Qu'est-ce qu'une centrale électrique de plus ou de moins au pays d'Insull ? Pas grand-chose ! Rien du tout ! Cela n'a pas manqué à l'installateur ! Ni à moi. Pas beaucoup.

## La carrière médicale de M. Ponzi est brusquement interrompue par un président d'université

Ce fut vers le printemps ou l'été de 1914 que je fis mon apparition à Mobile, Alabama. J'étais venu de Pensacola sur le caboteur Tarpon. Pas comme passager. Seulement comme peintre. Un boulot temporaire pour peindre la structure du pont.

Je fis ce qui m'était demandé. Mais j'eus du mal à me faire payer. Je me pris de querelle avec le capitaine. Lui dis d'aller se faire voir ailleurs. Il retourna à Pensacola, je restai à Mobile.

À cette époque, une place en valait une autre. J'avais découvert que je savais peindre – plus ou moins. Ma spécialité, c'était les enseignes, les panneaux. N'importe lesquels. Mais je pouvais aussi être peintre en bâtiments, et me débrouiller pour gagner ma vie presque n'importe où. Je travaillais dans une ville, et passais à une autre sans aucune gêne.

À Mobile je me débrouillai assez bien au début. Puis les affaires se ralentirent un peu. Mais comme j'étais prêt à travailler ailleurs, je remarquai une petite annonce dans les journaux locaux.

« Bibliothécaire demandé à l'École de Médecine. Poser sa candidature en personne », disait l'annonce. J'y allai. Parlant le grec, l'imposant vocabulaire de la médecine ne m'intimidait pas. Je le comprenais. J'obtins donc l'emploi. Qui ne payait pas beaucoup, mais je le pris parce qu'il était digne et agréable, pour ainsi dire. Peu de personnes l'auraient apprécié comme moi, à manger son déjeuner dans une salle d'anatomie pleine de cadavres conservés dans le formol, avec possibilité de prélever un morceau de la cuisse de quelqu'un, au lieu d'une tranche de jambon cuit.

À propos d'agrément, les carabins me firent toutes sortes de farces. Certaines étaient vraiment astucieuses dans leur genre ! On me versait dans ma soupe un tube à essais rempli de germes de typhoïde. Ou bien on lâchait dans la bibliothèque toute une cage de cobayes auxquels on avait injecté le choléra. Tout ce qui pouvait faire rire. Un soir, après une tempête qui avait éteint les lumières, j'entrai, dans l'obscurité. Ma chambre était au rez-de-chaussée de l'immeuble. Dès que je me fus glissé entre les draps, je sentis la présence de quelqu'un d'autre dans mon lit. Un étudiant ivre, pensai-je. Mais non. C'était quelque chose de raide comme un Noir embaumé. Comme je ne pouvais pas porter le cadavre au deuxième étage, qui était sa demeure, je le déposai sur le plancher de ma chambre. Nous dormîmes en paix, mais je me levai le premier. Telle était la vie à l'École de Médecine. Farce après farce. Mais je rendais la pareille.

Mes tâches de bibliothécaire étaient des plus légères. Je cataloguais les quelque dix mille ouvrages de la bibliothèque, sans compter les périodiques. J'observais des horaires réguliers et publiais des livres. Je collaborais également au journal de l'École. Je typographiais le tout. Faisais visiter le bâtiment. Et, nuits comprises, j'étais tenu par le service d'obstétrique gratuit en consultation externe.

À ce propos, lorsque nous avions un appel d'une future mère, c'était moi qui devais faire la chasse aux deux étudiants à qui ce soin était confié – et qui, d'ailleurs, pouvaient être bien ailleurs que dans leurs quartiers – préparer leur sacoche, et les diriger vers la patiente. Quelquefois, il arrivait qu'on ne trouvât pas l'un des deux étudiants, ou qu'il ne voulût pas venir. Je me transformais alors en sage-femme, et y allais. Ce n'était rien. Il s'agissait presque toujours d'accouchements ordinaires, et non « spéciaux ». Et, entre l'assistance aux cours, la lecture des manuels, l'assistance aux opérations et aux autopsies, etc., j'en savais autant en la matière que n'importe lequel d'entre eux, et j'expédiais cela comme un professionnel. Après tout, il s'agissait seulement d'attendre. Je ne pouvais pas améliorer la nature. Qui devait suivre son cours. Et les choses se déroulaient normalement, plus ou moins vite. Et l'attente m'était beaucoup moins pénible que pour la parturiente.

Tout bien considéré, le travail me convenait. Je m'entendais magnifiquement avec les enseignants comme avec les étudiants. J'aimais Mobile, sa baie, la célèbre Baie de Mobile, son climat, tout. Mais ma satisfaction ne dura pas plus d'un an. J'aurais dû savoir que ça ne se prolongerait pas davantage. Si ç'avait été le cas, cela aurait interrompu un long cycle de déveine.

Avant de raconter les événements, je dois expliquer que l'École de Médecine relevait de l'Université de l'Alabama. L'université elle-même était située à Tuscaloosa. L'École de Médecine se trouvait à Mobile, et non dans le campus, car ce genre d'institution doit toujours être proche d'un hôpital de quelque importance. Mobile, étant une plus grande ville que Tuscaloosa, disposait de meilleures installations hospitalières.

Je ne sais plus pourquoi on avait mis l'École de Médecine à Mobile plutôt qu'à Birmingham. Tout ce que je sais, c'est qu'elle était là, et que, à mon époque, toute une clique de médecins de Birmingham faisait des pieds et des mains pour la déplacer de Mobile dans leur ville. Et la Faculté de Mobile tirait toutes les ficelles politiques qu'elle pouvait pour que l'École reste là où elle était.

Dès que je fus employé par cette institution, ma loyauté envers elle me conduisit naturellement à prendre son parti. Mais il n'était pas dans mes attributions de prendre une part active à la controverse, sauf en tant que collaborateur de la publication de l'École. En tant que tel, je travaillai main dans la main avec l'un des enseignants.

Lui et moi étions de vrais « copains » dans cette lutte. C'était l'opposant le plus déterminé que le groupe de Birmingham ait jamais eu à combattre. Tout du moins, c'était ce que nous croyions. Nous comptions sur lui. Nous avions une confiance implicite en sa loyauté et sa sincérité, jusqu'à ce qu'un événement vienne à nous en faire douter.

C'était lors de la soirée précédant son départ pour les vacances d'été. Nous étions seuls, lui et moi, dans son bureau. Il rangeait ses papiers. Me donnait quelques instructions ; mettait en général tout en ordre. Et lorsqu'il fut prêt à quitter le bâtiment, il me tendit deux lettres à poster.

« N'oublie pas de les poster ce soir, me dit-il, parce que je prends le train du matin dans la même direction, et je veux qu'elles arrivent avant moi. »

Je n'avais aucune intention de ne pas respecter ses instructions. Dès qu'il eut quitté le bâtiment, je me préparai à faire de même et à aller à la poste. Mais je jetai un regard sur les enveloppes. Je notai que l'une était adressée à un docteur de Birmingham connu pour être actif dans le projet de déménagement de l'École de Médecine de Mobile. L'autre était adressée au Président de l'université, qui, nous avions quelques raisons de le soupçonner, était opposé au groupe de Mobile. J'étais abasourdi. D'après ce que je savais, cet enseignant aurait dû être le dernier à entretenir des relations avec ces gens-là. Ils étaient supposés être à couteaux tirés !

J'étais un peu perplexe. Voilà quelque chose qui n'avait pas l'air normal. Pourtant il paraissait inconcevable de le soupçonner de trahison. Je ne savais pas quoi faire. Mais ma loyauté vis-à-vis de l'institution fut la plus forte. Je décidai d'ouvrir ces lettres. Je pouvais toujours les refermer et les poster si elles ne contenaient pas de preuves de trahison.

Je les ouvris. Les lus. Et là, devant moi, était le témoignage de sa duplicité, depuis le début. Il travaillait main dans la main avec le groupe de Birmingham.

Je savais ce qu'il me restait à faire. Je ne pouvais pas supprimer ces preuves et rester en même temps loyal vis-à-vis de l'École. De toute façon, je ne voyais aucune raison pour les supprimer. Comme l'homme était un traître, je ne lui devais rien. Qu'il en subisse les conséquences.

J'appelai le Dr Frazer, qui faisait alors fonction de doyen, et lui demandai de venir immédiatement à l'École. Ce qu'il fit. Je lui montrai les lettres. Il me demanda d'en faire des copies, et prit les originaux. Le lendemain matin, l'enseignant malhonnête fut sommé de démissionner. Il ne le fit pas, mais, dans ces circonstances, il ne pouvait refuser de le faire.

Au bout de quelques jours, la question fut posée au Président de l'Université. Naturellement, le corps enseignant ne put que déplorer qu'il ait pris le parti du groupe de Birmingham. Ils considéraient qu'il aurait dû rester neutre. Je ne sais pas ce qu'il répondit, mais il mit un point d'honneur à me faire renvoyer.

Le Dr Frazer me montra sa lettre. Elle me fit rire. Je lui dis de ne pas y prêter attention, et que son auteur devait avoir eu un coup de chaleur.

« Mais il est mon supérieur hiérarchique à l'Université, dit le Dr Frazer, je dois lui obéir.

– Pas dans ce cas. Mais allez-y, si vous voulez, lui répondis-je. Mais vous feriez mieux de l'avertir que si je suis renvoyé, j'attaquerai en justice, et je publierai la raison de mon licenciement.

– Je ne peux pas lui dire ça, protesta le Dr Frazer. Il s'attend à ce que je lui dise que je vous ai mis dehors.

– Eh bien, c'est dommage pour lui que je ne sois pas renvoyé et que je ne le serai pas. À la réflexion, je crois que je vais vous épargner cette légère peine. Demain matin, je vous donnerai une lettre à transmettre de ma part. Si après cela il insiste pour que je sois mis dehors, il sera temps pour vous d'agir. »

J'écrivis bien une lettre à l'enseignant malhonnête. Et quelle lettre ! Insultante ? Non, naturellement. Simplement diplomatique. Mais je l'avais coincé, et le lui faisais sentir. De toute façon, il l'avait vue venir. Résultat : je ne fus pas licencié. Pas immédiatement. Mais il se débarrassa de moi d'une autre manière. Autrement dit, en cessant d'affecter les fonds destinés à régler mon salaire. Ainsi, avant la fin de l'été, je fus mis dehors, après tout.

## M. Ponzi dupe les habitants de la Nouvelle-Orléans et s'esquive juste à temps

De Mobile j'arrivai à la Nouvelle-Orléans juste à temps pour être témoin du terrible ouragan de septembre 1915. « Témoin » n'est pas le mot. J'étais en plein dedans ! Tout volait, sauf les oiseaux ! Enseignes, bardeaux, tuiles, branches d'arbres, toits en tôle galvanisée ! Sur Esplanade Avenue les arbres se penchaient comme des brins d'herbe ! Je n'avais jamais vu, ni ne revis, pareil spectacle. Cela resta le pire ouragan dans l'histoire de la ville jusqu'à ce que Huey Long frappe la Nouvelle-Orléans. Car ses bouffonneries reléguèrent l'orage au rang de simple brise en comparaison. Un escroc politique aussi tordu que Huey dépassait, dans ce monde, tout le mal que pouvaient faire les hommes ou les éléments !

À la Nouvelle-Orléans, l'Université Tulane n'avait pas besoin de bibliothécaire. On aurait pu m'engager comme marqueur sportif. Mais je n'avais pas bien pris mes marques, et j'étais loin d'être un sportif. Quant à jouer en demi, c'était entièrement hors de question. Je n'aurais pas su quoi faire de l'autre moitié tandis que la première jouait sur le terrain.

Ainsi, je retournai à la peinture. La bonne vieille vocation fiable. Le seul boulot régulier et permanent. Plus permanent que la permanente des coiffeurs.

La plupart des enseignes de magasins avaient été entraînées par le souffle de l'orage jusqu'à Bâton Rouge et Points North. Cela revenait moins cher, pour les commerçants, d'en faire peindre de nouvelles que de fermer boutique pour aller récupérer les anciennes. Je travaillai, ils travaillèrent, nous travaillâmes. Et, aux environs de Mardi Gras, la Nouvelle-Orléans reprit l'aspect qu'elle avait eu depuis deux siècles, seulement un peu plus propret, du fait de la peinture fraîche. J'avais rendu ces enseignes aussi pimpantes et brillantes qu'un Créole.

Pour ce qui était des apparences, tout était normal au printemps. Seul, l'ouragan semblait avoir ravivé d'anciennes querelles sur les quais et autour du marché. Il ne se passait guère de semaine sans coup de feu ou agression à coups de couteau, ou les deux. Il coulait davantage de sang que d'eau. La vie à la Nouvelle-Orléans commençait à ressembler à une succession de meurtres. Les choses allèrent si mal que des gens vendaient leur maison pour acheter des concessions au cimetière.

C'était après le meurtre en masse commis devant l'hôtel Monteleone que je commentai la situation avec un pasteur protestant italien, chez lui, à la table du dîner. Nous étions tous deux tout à fait indignés. Un tel état de choses jetait une lumière sinistre sur toute la colonie italienne. La presse criait au scandale, comme d'habitude, et exigeait des mesures. Le maire s'arrachait les cheveux qui lui restaient et priait que ses administrés se tiennent tranquilles jusqu'après l'élection. La police suivait des pistes imaginaires qui ne menaient nulle part. Luttait contre les moulins. Faisait la chasse à tout le monde sauf aux coupables. Cependant que les tueurs graissaient nonchalamment leurs pistolets et affûtaient leurs dagues.

Le pasteur italien et moi étions totalement d'accord qu'il fallait faire quelque chose. Mais qui allait agir ? Huey Long n'était pas encore dans le paysage. Et personne d'autre ne savait où commencer, et que faire. Sauf enterrer les morts. La mortalité était telle que les actions des pompes funèbres National Casket grimpèrent au-delà de toute limite. Les compagnies d'assurance étaient au bord de la faillite, tandis que les croque-morts se payaient des immeubles entiers. Il fallait entrer dans l'arène et semer la pagaille dans les rangs des combattants.

Tous deux, l'un comme l'autre, question taille et poids, aurions pu tout juste tordre le cou à un poulet avant de manquer de force. Nous n'étions pas des armoires à glace. Mais nous compensions notre manque de développement musculaire et de technique de boxe gâce à notre ingéniosité et à notre esprit pratique. Nous savions que l'audace des tueurs venait de ce qu'ils étaient sûrs de ne pas être repérés. Et, de ce point de vue, ils pouvaient dormir sur les deux oreilles. La police, toujours futée, était incapable de détecter la moindre volute de fumée, même si elle était assise sur un feu de joie. Les indics étaient plus rares que les éléphants volants. Personne n'osait dénoncer qui que ce soit. Pas un chat au rapport. Mais il fallait que les tueurs aient peur d'être signalés secrètement par des personnes dont ils ne pourraient pas établir l'identité, et ils ralentiraient certainement. C'est ce que nous pensions, car rien n'éloigne davantage un homme de faire le mal que la certitude ou la forte probabilité d'être pris et d'être puni.

En dépit de toute notre sagesse, le pasteur et moi étions, pour ainsi dire, une paire de cinglés. Pleins d'idées folles. Nous avions à peu près le même âge et avions beaucoup de choses en commun. Il savait que ma peinture ne valait pas mieux que ses sermons, mais que, dans son domaine, il n'était pas pire que moi dans le mien. Nos opinions religieuses n'étaient pas opposées. Il était protestant. J'étais catholique. Mais il se moquait bien de ce à quoi je croyais. Et réciproquement. Tout bien considéré, nous nous ressemblions comme deux gouttes d'eau. Une seule âme dans deux corps.

Étant parvenus à des conclusions unanimes au sujet des meurtres, nous décidâmes d'agir. Nous réalisâmes l'un des exploits les plus fous jamais conçus. En fait, nous risquions notre vie. Littéralement. Si, chez les immigrés italiens, la rumeur avait fait le lien entre nous et nos actes, nous aurions pris davantage de plomb qu'un filet de pêcheur.

Nous nous constituâmes en comité de deux personnes, supposées être les porte-paroles d'une nouvelle société secrète qui n'existait que dans notre ardente imagination. Sur le coup de minuit, nous nous glissâmes mystérieusement dans le bureau du rédacteur de la chronique locale du *New Orleans States* et lui intimâmes, en murmurant, l'ordre de nous conduire en un endroit où nous pourrions parler en toute confidentialité. C'était, d'après nous, une question de vie ou de mort. Il nous crut. Il pensait peut-être, à nous voir, que la vie en question était la sienne. Mais il décida que le moins risqué était de nous obéir. Pour gagner du temps jusqu'à ce qu'il puisse conclure qu'il avait affaire à deux fous échappés du cabanon, de deux assassins, ou de deux bonshommes ayant une véritable histoire à raconter.

Il nous conduisit dans une petite pièce. Nous fit asseoir.

« Abattez ! », dit-il, utilisant un verbe qui pouvait s'adapter à toutes les situations. Il était clair que nous étions là pour « abattre » quelque chose. Mais il ne savait pas bien si c'était une histoire à raconter, ou s'il s'agissait de lui faire la peau. Et il pensait que le plus court était d'utiliser un verbe qui nous obligerait à révéler notre jeu.

« Pas si vite, mon cher Monsieur, l'avertis-je. Avant de parler, il nous faut votre parole d'honneur que vous ne révélerez jamais notre identité, sous aucun prétexte. Si l'on savait que nous sommes venus vous voir, on nous tuerait immédiatement. Nous donnez-vous votre parole ?

– Oui. Je peux faire ça. Je vous donne ma parole que je ne divulguerai votre identité à personne, promit-il. Mais quelle est l'histoire ? demanda-t-il.

– L'histoire est la suivante, lui dis-je. Les meilleurs éléments de la colonie italienne ont décidé de prendre les affaires en mains et de mettre fin à tous ces assassinats. Ils ont monté une société secrète et fait promettre à tous les membres de collecter des informations sur toute personne soupçonnée d'être liée à un quelconque meurtre. Ces informations seront transmises quotidiennement aux dirigeants de la société, rassemblées et transmises à la police. La société secrète aura des espions partout.

– Qui sont les membres de la société ? demanda le rédacteur.

– Ça, nous ne pouvons pas vous le dire. Un assez grand nombre d'Italiens ont assisté à la première réunion et se sont engagés. Ils sont venus par petits groupes et à des heures différentes pour ne pas exciter la curiosité. Ils ont conféré avec les chefs. Ont promis. Ont appris les mots de passe. Et sont partis par petits groupes comme ils étaient venus. Nous ne pouvons rien vous dire de plus, répondis-je.

– Et vous-mêmes ? demanda le rédacteur.

– Nous avons été désignés pour représenter la société et communiquer avec la presse, les autorités et la police. Notre première visite a été pour vous. Nous nous arrangerons plus tard pour rencontrer le Maire et le Chef de la Police. Nous avons apporté un exemplaire d'une résolution adoptée lors de la première réunion de la société. Le voici », dis-je en le lui tendant. C'était un texte que le pasteur et moi avions rédigé après dîner. Le rédacteur le prit et le lut.

« C'est formidable ! dit-il. Je vais l'imprimer tel quel en première page de l'édition de demain matin. Quelles sont les signatures ? demanda-t-il en les examinant.

– Les nôtres, répondis-je. Le Révérend ici présent est le secrétaire exécutif de la société. Je suis son directeur exécutif. Mais nous ne devez pas publier nos noms.

– Naturellement pas, approuva-t-il. Je vais faire sauter les signatures avant que cet exemplaire ne quitte mes mains. »

Nous restâmes un peu dans le bureau du rédacteur, suffisamment longtemps pour qu'il nous complimente sur notre sens élevé des devoirs civiques. Et prîmes également quelques dispositions. Nous dîmes au rédacteur que nous serions heureux de rencontrer le Maire et le Chef de la Police. Mais que nous ne pouvions pas risquer d'être vus à l'Hôtel de Ville ni au commissariat.

« Appelez-moi demain matin, proposa-t-il. Je parlerai au Maire et au Commissaire, et ils arrangeront un rendez-vous ailleurs. »

Le lendemain matin, le *New Orleans States* sortit avec un article en première page sur notre visite de minuit. Il nous décrivait comme deux martyrs potentiels de la cause de la « loi et l'ordre ». Seule chose : il n'employait pas exactement les mêmes mots que ceux qui avaient rendu Cal Coolidge aussi célèbre que l'avait fait la bière pour Milwaukee. Mais la rédaction était tout aussi dithyrambique. On y louait la grande majorité d'honnêtes citoyens dans la colonie italienne. On y publiait la résolution en entier, moins les signatures. Dieu merci ! Le pasteur et moi étions restés debout toute la nuit à attendre la sortie du *States*, afin de nous assurer que nous n'étions pas nommés. Si ç'avait été le cas, l'aurore nous aurait trouvés en route pour un monde meilleur.

L'article fut un scoop qui fit bouillir les chroniqueurs de la ville dans le *Times-Picayune* et les autres journaux.

Ce matin-là, on y entendit davantage de jurons que dans un congrès d'athées.

Les reporters furent tirés de leur torpeur et se ruèrent dans le quartier italien. Sommés de revenir avec une histoire, ou de ne pas revenir du tout. On leur promit toutes sortes de primes s'ils apportaient quelque chose d'énorme. Mais où pouvaient-ils trouver une histoire ? Ils auraient tout aussi bien pu descendre à la plage et interroger toute une colonie de palourdes. Les Italiens, en règle générale tiennent leur langue. Mais en cette occasion, ceux de la Nouvelle-Orléans se surpassèrent. Tout d'abord, ils n'avaient rien à dire, parce qu'ils n'en savaient pas davantage que les reporters sur toute cette affaire. Et puis, ils avaient une peur bleue de l'ouvrir.

En fait, ils étaient dans le pétrin. Ils ne pouvaient pas nier être membres de la société secrète sans laisser supposer qu'ils prenaient parti pour l'élément criminel. Et ils ne pouvaient pas dire qu'ils en étaient sans risquer leur vie. Ils étaient dans la mouise, quelle que fût leur attitude.

Pour aggraver les choses, tous, autant qu'ils étaient, croyaient à l'existence de cette société imaginaire. Et chacun se rendait compte qu'il avait été laissé de côté. S'il s'agissait d'un bon citoyen, il était inquiet. Il pensait qu'on n'avait pas fait appel à lui parce qu'on croyait qu'il était un criminel. S'il s'agissait d'un mauvais citoyen, il était évident pour lui qu'il faisait partie des suspects. Et il n'était pas seulement inquiet : il avait peur.

Le révérend et moi ne nous rendîmes pas compte des conséquences, avant d'avoir fait notre promenade habituelle dans le quartier italien. Certains de ces gens faisaient peine à voir. Des hommes habituellement loquaces s'étaient refermés comme des huîtres et se montraient impolis. Ou ne faisaient plus que murmurer. Ils se retournaient sans arrêt, savait-on jamais. Le regard neutre, ils se croisaient et échangeaient des signes. Des signes qui valaient questions et réponses, muettes. Typiques des Italiens du Sud. Mais qui en disaient long. Des tonnes de peur et d'anxiété face à une situation qui les dépassait.

Le pasteur et moi ne nous attardâmes pas longtemps dans le quartier. C'était au-dessus de nos forces. Sachant ce que nous savions, il nous était très difficile de ne pas éclater de rire. Mais un simple sourire eût été fatal. Cela nous aurait condamnés. Ce quartier avait perdu tout sens de l'humour. Il nous fallait rentrer chez nous pour nous détendre. Et téléphoner à notre ami le rédacteur.

Nous l'appelâmes. Le Maire voulait nous voir, dit-il. Voulait nous remercier pour ce que nous avions fait. Et le Commissaire de même. Il était très désireux de discuter avec nous. L'un comme l'autre voulaient savoir où et quand nous pouvions nous voir. Nous suggérâmes un rendez-vous. Le rédacteur nous prit dans sa voiture et nous emmena dans un lieu situé en-dehors de la ville. Là, nous trouvâmes un second véhicule où se trouvaient le Maire et le Commissaire. C'était ce dernier qui conduisait.

Les voitures tournèrent dans une route secondaire et s'arrêtèrent. Nous sortîmes et on nous introduisit. Puis nous parlâmes. La conférence dura environ une heure. Surtout avec le Commissaire. Nous dûmes prendre des dispositions avec lui pour lui rendre compte quotidiennement des activités de la société. Il nous donna un numéro de téléphone et un genre de mot de passe pour nous identifier. Il nous dit qu'il y aurait toujours quelqu'un à l'autre bout du fil pour prendre nos messages. Il nous offrit une protection policière. Mais nous refusâmes. Il ne nous était pas vraiment possible de donner à la police la possibilité de découvrir que nous étions deux imposteurs.

Le Maire parla peu. Sauf pour promettre sa pleine coopération. De notre côté, nous étions contents d'en rester là. Mais le rédacteur intervint. Il suggéra que la Ville dégage des fonds pour aider la société dans ses investigations. Le Maire sauta sur la suggestion. Il est vrai qu'il ne s'agissait pas de son argent. Il dit qu'il pouvait dégager immédiatement 30 000 dollars. Imaginez ! Il était prêt à lâcher trente mille piastres dans notre poche ! Le pasteur et moi le remerciâmes avec effusion de sa générosité. Mais en réalité nous étions plutôt paniqués. Accepter de l'argent dans ces circonstances aurait été beaucoup trop dangereux.

La conférence prit fin. Nous retournâmes chez nous pour réfléchir. Et nous convînmes que les choses avaient été trop loin. Qu'allions-nous faire ? Nous ne voulions pas de cet argent, ni de n'importe quelle subvention.

Nous n'étions que deux écervelés. Pas des escrocs. Mais comment pouvions-nous refuser l'argent tout en restant apparemment sérieux ?

Plus nous examinions la situation, plus nous nous persuadions qu'elle était dangereuse. Un seul faux-pas, et nous allions couler.

« Filons, suggérai-je. « Ce bled devient inconfortable.

– Ensemble ? demanda le révérend.

– Surtout pas ! répliquai-je. Je vous aime bien, c'est vrai. Mais vous et moi sommes comme l'acide nitrique et la glycérine. Séparés, ils sont sans danger. Mais si on les mélange, c'est l'enfer. »

Nous nous séparâmes. Le pasteur demanda et obtint une mutation immédiate dans quelque paroisse distante. J'acceptai un emploi de représentant à l'étranger pour une société de camions de Wichita Falls, Texas. Le Maire, le Commissaire de police et le rédacteur de la rubrique locale du *New Orleans States* furent laissés à eux-mêmes pour tirer les marrons du feu. Je ne me suis jamais soucié de découvrir ce qu'ils avaient pensé de nous. S'il avaient jamais découvert que nous nous étions moqués d'eux. Sinon, ils le savent maintenant. Mais je dois leur dire que nous avions agi par espièglerie et non par méchanceté. J'espère qu'ils ont le sens de l'humour.

## Dans le grand bouquet de fleurs de l'Amérique M. Ponzi se trouve une rose exquise de la variété American Beauty comme emblème de sa vie

À Wichita Falls, Texas, je reçus ma première formation de correspondant et vendeur pour l'étranger. La société pour laquelle je travaillais fabriquait des camions. Et les expédiait partout. Elle avait des agents ou des clients dans presque tous les pays du monde. Sauf, évidemment, en Allemagne et dans les pays alliés de l'Allemagne.

Toutes les affaires avec l'étranger se faisaient par courrier ou par télégramme. En anglais, en français, en italien en espagnol ou en portugais. Et nous devions nous tenir au courant des itinéraires d'expédition et des prix. Des droits de douane étrangers. Des devises et des changes. Des tarifs des postes et des télégraphes. Toutes connaissances qui, plus tard, jouèrent un rôle très important dans l'épisode le plus spectaculaire de ma carrière en Amérique.

La vie à Wichita Falls n'était pas très passionnante. L'usine était à environ trois kilomètres de la ville elle-même. À la limite d'un secteur de type prairie, typique du Sud-Ouest. Pas loin de la frontière de l'Oklahoma. Je logeais à deux pas du bureau. Et, souvent, je faisais des heures supplémentaires parce que je n'avais nulle part où aller.

Le seul élément palpitant de l'endroit était un ours. Mais pas du genre peluche[1]. Tout simplement un gros ours adulte. Je ne sais plus s'il appartenait au gardien ou au directeur. Mais je sais qu'il avait une cage devant le bâtiment. Et je sais qu'après les heures de travail, le gardien le lâchait en liberté pendant un moment et le laissait vagabonder. Cet ours ne manquait jamais d'aller dans mon bureau, à l'étage, et de me flanquer une peur bleue. Il se glissait sans faire de bruit. Comme s'il avait des chaussures en caoutchouc. Puis, tout d'un coup, je percevais sa respiration derrière ma chaise, ou bien je l'apercevais tandis qu'il contournait mon bureau. Et je sautais en l'air. Et je jurais.

Je ne pouvais pas discuter avec lui, ni le chasser en lui criant « pschtt ! » Je l'esquivais, et je fermais la porte. Très peu pour moi, ce genre d'animal domestique qui peut m'envoyer valser d'un bout à l'autre de la pièce ! Il n'y a rien de piquant chez ce type d'animal, sauf l'odeur. Sous ce rapport, un ours de bonne taille peut damer le pion à une douzaine de putois.

La Wichita Falls Motor Truck Company était la propriété de Kemp et Kell. Je ne sais toujours pas qui étaient Kemp et Kell. À vue de nez, je dirais que c'était un équivalent de Wichita Falls. Ils possédaient tout ce qu'on voyait. Ce qui n'était pas à Kemp était à Kell. Et vice versa. Mais je ne suis pas bien sûr s'il s'agissait d'êtres humains ou de mythes. Je ne vis jamais ni l'un, ni l'autre. D'un autre côté, je n'ai jamais vu non plus « l'Américain le plus riche ». Pourtant, on voit partout les signes de sa présence aux États-Unis. Stations d'essence, supermarchés A & P, la National City Bank, etc. Quoi qu'il en soit, lorsque votre porte-monnaie se vide, on peut parier qu'il n'est pas loin de chez vous. Cet homme-là fait fonctionner l'Hôtel des

1. « Max Baer » : Boxeur champion du monde défait par « Cinderella Man » James J. Braddock.

Monnaies en-dehors des heures habituelles pour alimenter le stock de pièces de dix cents. On dit qu'il en distribue comme souvenirs. Mais il semble bien que pour une pièce donnée, il en engouffre cent pour lui-même.

En parlant de millionnaires, à Wichita Falls j'aurais eu la possibilité de devenir un multi-millionnaire comme lui. Une très belle occasion. Des centaines de millions de dollars ont été gagnées dans le coin après mon départ. On y a découvert des gisements de pétrole. Foré des puits. Des puits éruptifs, exploités. Mais les gisements de pétrole étaient déjà là en même temps que moi. Bien visibles. Seulement, j'étais trop aveugle pour noter l'évidence.

En fait, nous passions de temps en temps la fin de la semaine dans le secteur aujourd'hui connu sous le nom de Burke Burnett Oil Field. Un camion emmenait un groupe d'employés le samedi après-midi avec un bon chargement de bouteilles de bière et de comestibles. Nous passions la nuit à la belle étoile. Sur les prairies. Le jour, nous chassions des lapins d'Amérique et des grenouilles-taureaux pour compléter nos menus.

Les grenouilles se trouvaient dans les nombreux étangs dispersés sur les prairies. L'eau de ces étangs était partout zébrée de pétrole. Les taches irisées d'huile flottante se trouvaient de tous côtés. Et d'où cela pouvait-il venir, sinon de gisements souterrains ? Mais je n'y réfléchis jamais. Alors que j'aurais pu acheter tout le secteur à raison de cinq dollars pour un hectare ! Oui, cette terre contient suffisamment de pétrole pour valoir le prix de l'immobilier dans le centre de New York !

Je quittai Wichita Falls, sans les millions, en janvier 1917, pour aller à Boston en tant que correspondant étranger pour une société d'import-export. Une sorte de pari sur l'avenir, car ce n'était pas très bien payé. Mais les perspectives semblaient séduisantes. La société marchait bien, quant à elle. Et était très généreuse avec ses employés. Avec des promesses. Le seul inconvénient était que ses promesses ne nous permettaient pas de vivre. Mais, en se passant de déjeuner un jour, et en mangeant un peu moins le lendemain, nous autres employés réussissions toujours, bon an mal an, à rester la tête sous l'eau.

Bien que cet emploi dans la société n'ait pas été ce qu'on pourrait appeler une aubaine, c'était néanmoins pour moi une source de satisfaction. Je me rendais compte qu'au bout de 13 ans en Amérique, j'avais atteint le point où je n'avais plus besoin de recourir à des travaux subalternes. J'avais toutes les compétences requises pour occuper un emploi de bureau. Surtout avec une firme engagée dans le commerce avec l'étranger. Donc, même si le travail n'était pas bien payé, je le gardai afin d'accumuler de l'expérience, de voir de nouvelles têtes, et de me constituer un large réseau de connaissances. Au bout du compte, je voulais étendre mes activités.

À cette époque, j'avais 35 ans. J'étais un type insouciant qui aimait passer du bon temps. Je me sentais un peu seul, de temps à autre. Quand je me rendais compte que je n'avais pas vraiment de chez moi. Mais, à part ça, j'étais plutôt nonchalant. Et amateur de jolies filles. Je les aimais toutes, Dieu les bénisse ! En bonne camaraderie. Vous savez comment c'est. Sans jamais me douter que dans la même ville, à quelques pâtés de maison de mon domicile, vivait la fille qu'un sort favorable – pour moi – avait destinée à devenir ma femme.

C'était la veille du Memorial Day. Aux environs de minuit. J'avais été au Pop's et j'attendais un tramway à la station de métro de Boylston Street. J'étais accompagné d'une dame âgée.

Une belle fille, escortée par un jeune homme, attendait, comme nous. Elle ne devait pas être là depuis longtemps, car je sais que j'aurais senti sa présence. Laquelle me poussa à me retourner et à regarder dans sa direction dès qu'elle mit le pied sur le quai.

Un regard, à cette image de charme, de bonté et de vivacité sans apprêt, un regard à ses yeux bruns, profonds et souriants. À ce joli visage rond, encadré par de splendides boucles. À toute sa fascinante personne. Je ne pouvais plus en détacher mes yeux. Je restai immobile, la fixant si intensément que, en dépit de mon sentiment évident d'admiration sans retenue, j'aurais pu sembler impoli.

Je ne sais pas combien de temps je restai à contempler cette fille. Probablement quelques secondes, tout au plus. Mais cela aurait pu être des heures, et je n'aurais pas été capable de percevoir la différence. Le temps, l'espace, le monde, et tout ce qui m'entourait en-dehors d'elle, avaient cessé d'exister.

La dame qui m'accompagnait dut s'apercevoir de mon état de béatitude, et suivit la direction de mes regards, car non seulement elle vit la fille, mais elle la reconnut.

« Tiens, voilà Rose ! me dit-telle. Il faut que je vous la présente, M. Ponzi. Rose est une de mes anciennes élèves. »

Nous nous dirigeâmes vers les deux autres personnes.

« Rose, dit la dame, en s'adressant à elle. Voici M. Ponzi. Puis, se tournant vers moi. C'est Mademoiselle Gnecco, ajouta-t-elle.

– Enchantée, dit celle-ci, d'une voix aussi douce que son physique.

– Heureux de vous connaître », répondis-je, sans faire d'effort pour cacher mes sentiments. Tant pis si cela se voyait. En fait, je voulais que le monde entier sache que j'avais rencontré la femme de mes rêves et que j'avais rendu les armes face à son charme, sans conditions.

Elle vivait à Somerville. Non loin de chez moi. Nous passâmes donc une vingtaine de minutes dans le même tramway. Avec le garçon qui l'accompagnait, elle était quelques sièges devant nous, sur la droite. Jusqu'à Somerville, mes yeux ne la quittèrent pas d'une seconde.

Une fois rentrés, la dame que j'escortais me demanda ce que je pensais de cette fille.

« Je trouve qu'elle est merveilleuse ! répondis-je. Je vais l'épouser.

– Eh bien, M. Ponzi ! dit la dame. Vous devez être fou !

– Oui ! Je suis fou de cette fille », avouai-je, sans exagération.

*

Huit mois plus tard, Rose et moi nous mariâmes dans « une petite église au coin de la rue », sur Vine Street, Somerville. Depuis lors, elle est toujours ma compagne. La petite femme fidèle et loyale qui ne m'a jamais fait défaut pendant les nombreux jours de tristesse et d'adversité. L'inspiration unique qui m'a permis de faire face aux pires crises de ma vie, le cœur fortifié par notre amour réciproque.

Rose est le plus beau cadeau que l'Amérique pouvait m'offrir. Elle est née et a grandi aux États-Unis. À Boston. Je suis reconnaissant et plein de gratitude envers l'Amérique pour ce cadeau. Ma femme est une ample récompense pour tout ce que j'ai souffert, justement ou injustement, pendant 31 ans aux États-Unis. Je ne puis avoir aucune rancune, je ne peux pas en vouloir à un pays assez prodigue et généreux pour mettre à ma portée, dans tout un jardin de fleurs splendides, comme le sont les filles de l'Amérique, ce qui, pour moi, est le plus magnifique des joyaux. Une beauté américaine. Ma Rose !

# School Street, Boston, scène de l'explosion qui fut entendue dans le monde entier

« Le coup de fusil qui fut entendu dans le monde entier », fut tiré sur le pont reliant Lexington et Concord. Et quel coup ! J'espère bien pouvoir dire que c'en était un ! Si le projectile avait parcouru le monde entier avec le son, l'homme qui l'avait tiré aurait été tué par sa propre balle. Cela fait du chemin. Même pour une réclame de Lucky Strike. « Vous y étiez, Charlie ? » Non, baron. Je dois avouer que je n'y étais pas. Ni de près, ni de loin[1].

Ce coup de fusil n'a pas de rapport immédiat avec la présente histoire. Il avait été tiré à contre-feu. À l'époque où Paul Revere pouvait encore faire ses promenades à cheval le matin, en-dehors du milieu des fonctionnaires de toutes les communes situées entre North End et Lexington. À l'époque où Dawes et ses lanceurs d'alerte fumaient encore la pipe d'épi de maïs. Remplie de tabac dans le bon sens. Au lieu de pipe de bruyère française retournée. Et remplie de tabac qui ne venait pas de la R. F. C.

Mais si le coup qui fut entendu dans le monde entier n'a pas de rapport immédiat avec la présente histoire, il a un lien distant avec elle dans la question de la portée acoustique. Car

---

1. « Vas You Dere, Sharlie ? » formule à la mode, empruntée à la série d'émissions de radio de Jack Pearl sur le Détective Baron Munchausen.

l'explosion de ce qu'on désigne comme ma « bulle financière » résonna également d'un bout à l'autre de la Terre. Elle fut enregistrée par tous les sismographes sous la stratosphère. Et cela fit entrer School Street dans l'Histoire. Comme le coup de fusil l'avait fait pour Lexington et Concord.

School Street est l'un des plus vieux points de repère de Boston. La rue existe depuis qu'on y a construit des maisons. Jusque récemment, elle était courte, étroite et embouteillée. Aujourd'hui, elle est toujours courte. Et embouteillée.

Mais pas tout à fait aussi étroite, à partir de la taille. Autrement dit, vers Tremont Street. Elle a été élargie. Les politiciens replets, allant et venant vers l'Hôtel de Ville, ne pouvaient y passer sans s'y coincer. Et il n'y a rien qu'un homme politique déteste davantage que de se sentir coincé.

Autrefois, School Street était célèbre. Pour ses bâtiments historiques. Parker House, par exemple. Au coin de Tremont Street. Connue pour ses « Tea parties » bostoniennes. Du passé, mais pas si éloigné. Et toujours actuel. Mais tandis que le thé était du thé à l'époque, c'est du simple whiskey aujourd'hui. Ou du gin. Ou les deux.

Depuis la fermeture du vieux Copley Square Hotel et de la cantine du frère Spraklin, Parker House est devenue le quartier général politique du Grand Boston. On y trouve tous types de Démocrates et de Républicains, à divers stades d'ascension ou de chute. Et aussi dans des combinaisons plus ou moins effrayantes.

Comme autres bâtiments vénérables de School Street, il faut citer la petite église, au coin opposé à Parker House, la Five-Cents Saving Bank, sans oublier, bien entendu, l'Hôtel de Ville (le City Hall). Je ne peux pas dire grand-chose de l'église. Je n'en sais pas assez sur elle. Je n'y suis jamais entré. Mais elle semble assez fermée. C'est peut-être dû à sa confession. Comme un billet de 10 000 dollars.

La Five-Cents Savings Bank est là, sans y être. Elle était là dans mon temps. Avec une façade sur School Street. Aujourd'hui, elle est au coin de la rue dans Province Street. On a dit qu'elle avait été déplacée là par pur snobisme. Parce qu'il y avait trop de racaille de l'autre côté de la rue ; là où j'avais mon bureau. Les employés avaient régulièrement des crises cardiaques, à observer les longues files de gens qui apportaient à mon officine les économies qu'ils venaient de retirer de la banque. On fit donc faire volte-face à l'immeuble, qui regarda de l'autre côté.

Le City Hall est ce qu'il a toujours été. Une pomme de discorde pour les Démocrates. Il est à l'origine de davantage d'éléments autoritaires dans le parti démocrate que n'importe quel autre fromage politique. Généralement, il y a de dix à vingt candidats pour le poste de Maire. La cote est donc comprise entre 1 à 11 et 1 à 19 en faveur des Démocrates. Le franc-tireur est toujours le candidat Républicain. Il obtient toujours l'investiture du parti aux primaires. Mais il n'a pas plus de chances d'émerger le jour de l'élection qu'un chameau de passer à travers une aiguille.

Naturellement, un miracle arrive de temps à autre. L'ancien maire Nichols y avait réussi. Mais pas grâce à son charisme seul. Ni par la vertu de l'éléphant républicain. Il s'était simplement insinué après une vague démocrate. Tandis que les autres concurrents, ces jeunes Irlandais rigolos, s'engageaient dans une mêlée générale. Et Dan regardait cela avec un rictus satanique. Mais, à part Nichols, le seul autre Républicain à s'être assis dans le fauteuil du maire l'avait fait déguisé. Un croisement d'éléphanteau camouflé sous une peau d'âne. À la queue d'un défilé constitué à 50-50 % de Démoblicains et de Répucrates avec un diplôme de Bachelor of Laws du 53 State Street.

Aussi loin que remontent mes souvenirs, Son Honneur, aujourd'hui Son Excellence, James Michael Curley, est le seul maire chronique que Boston aie jamais eu. Il était aussi inévitable que la grippe. Aussi régulier dans ses quatre années que les cycles de sept années maigres des pharaons. Mais personne ne s'en est plaint. À sa manière confuse, il aura été un meilleur maire, et plus sympathique, que certains de ses prédécesseurs ou successeurs. Son seul inconvénient est son immutabilité. S'il s'accroche au mandat de gouverneur aussi longtemps qu'il s'est arc-bouté à son bureau de maire, les gens de Beacon Hill n'auront plus qu'à prier qu'il y ait un séisme. Ou n'importe quel genre de calamité qui puisse l'arracher à son trône de gouverneur.

Si School Street était fameuse autrefois, elle a une notoriété positive aujourd'hui. De par les événements récents. La gloire de ses anciens bâtiments est presque passée. Les bus touristiques ne s'y arrêtent plus. Même pas devant le City Hall. Ils vont un peu plus loin. Vers Washington Street, ils font halte devant le trottoir d'un étroit porche, entre Posner's et Purcell's. Au 27 School Street. Le Niles Building.

En fait, ils n'ont pas besoin d'aller plus loin pour en avoir pour leur argent. Car le Niles Building, dans sa modeste simplicité, a une histoire. Un passé. Un passé qui donne le frisson. Mais c'est quelque chose de plus fort que le souvenir des Grands Magasins d'Eben D. Jordan. Quelle est l'histoire ? Le passé ? Le guide d'un bus touristique vous le dira. Il montrera le Niles Building avec respect. Écoutons-le.

> « Voici le Niles Building, Mesdames et Messieurs, annoncera-t-il dans son porte-voix. La mini-Monnaie qui a créé plus de liquide pour les gens de la Nouvelle-Angleterre que la totalité des Lois de Redressement Industriel National du New Deal. Le bâtiment qui a vu passer davantage de fric que les minoteries du Ward System of Bakeries. Le bâtiment qui a causé plus d'inquiétude aux gens de State Street et de Federal Street que la panique de janvier et de février 1933.

« Observez bien ce bâtiment, Mesdames et Messieurs, car vous avez là devant vous la huitième Merveille du monde. L'ancien quartier général de Charlie Ponzi, le « Génie » de la finance qui a tiré quinze millions de dollars en neuf mois d'un coupon à six cents. Pensez-y, Mesdames et Messieurs ! Quinze millions de piastres or ! Davantage d'argent que vous ou moi ne pouvons espérer en voir ! Imaginez ce que l'Enfant Jésus pourrait faire pour un pauvre, en ces temps de dépression, avec un seul billet de mille dollars, au lieu d'un coupon de six petits cents divisionnaires ? Il pourrait payer la dette publique une demi-douzaine de fois, même après que l'actuel gouvernement ait continué à l'accumuler. Il pourrait la payer sans sourciller, et il lui resterait davantage d'argent que tous les Morgan, les Rockefeller, les Mellon et les Ford réunis !

« Un dernier regard, Mesdames et Messieurs, et allons plus loin. J'en ai la tête qui tourne. »

Ce que le guide peut dire aux touristes n'explique cependant pas pourquoi je me retrouvai dans School Street. Non pas que cela aie une quelconque importance. Mais cela se raccorde à l'histoire. En particulier du fait que, si je n'avais pas déménagé à School Street, je serais resté à la Tremont Trust Company, dans Court Street. Et le frère Simon aurait piqué une crise à m'avoir comme locataire.

Voici ce qui arriva. Nous étions à l'été 1919. Quelques mois plus tôt, j'avais quitté l'emploi que j'occupais. Fatigué de travailler pour des perspectives qui ne payaient ni mon loyer, ni mes courses d'alimentation. Fatigué de gagner de l'argent pour mes employeurs en général et pas du tout pour moi-même.

J'avais quelques dollars. Très peu. Juste assez pour alimenter le budget familial pendant quelque temps. Et j'hésitais à me trouver un autre boulot à vingt ou vingt-cinq dollars, en travaillant pour d'autres, ou à mettre toute mon énergie à lancer ma propre affaire. Mais ce ne fut pas le bon sens qui gagna. J'allai louer une pièce au-dessus de la Puritan Trust Company. Une pièce intérieure.

Cette pièce avait un meuble à cylindre et un fauteuil. On aurait pu la qualifier de bureau, si elle avait été liée à une activité quelconque. Mais il n'y en avait pas. Elle me servait simplement à passer quelques heures tranquille pour me concentrer. À remplir des carnets de chiffres. De gros chiffres. À la manière de Charlie Dawes à la Conférence sur les Réparations allemandes. La seule différence était que les miens traitaient de dollars et de cents. Les siens, de marks. Oui, de marks faciles à gagner.

Il était difficile de dire si mes dollars et cents étaient réels. Ou simplement des espérances. Mais je sais qu'au moment où le bâtiment fut repris par la Tremont Trust Company, qui prévoyait de faire beaucoup de travaux, j'étais parvenu à conclure que, si j'étais un atout pour un employeur, j'en étais un plus grand pour moi-même. Sans jamais imaginer que je pourrais bien plutôt n'être qu'un imbécile. Je pris donc mes carnets et mes crayons, car les meubles n'étaient pas à moi, et je m'installai dans le Niles Building sur School Street. Là, je pris possession d'un petit bureau minable au cinquième étage.

Les meubles et équipements nécessaires, comme les bureaux, chaises, machines à écrire, classeurs et même un appareil de reprographie, venaient de maisons de vente à tempérament. Les livres, annuaires, etc., certains, de chez moi, d'autres de librairies d'occasion. Je mis un téléphone. De la papeterie gravée. Et fis peindre à la porte une enseigne avertissant le monde entier que Charles Ponzi dirigeait une maison d'import-export.

C'est ainsi que j'atterris à School Street. Sans préméditation. Sans mauvais dessein. Sans aucune intention de me mêler des affaires des types de l'autre côté de la ruelle. Au City Hall. Et si de ma fenêtre je pouvais voir chez eux, ni les services de surveillance[1], ni la Commission des Finances n'avaient quoi que ce soit de commun avec ces dispositions. Prodige. Car ces oiseaux-là ne manquent jamais un coup donné comme sûr. Et ils ont l'habitude de déterrer davantage de saloperies qu'une pelleteuse.

1. Antérieurement connue sous le nom de New England Society for the Suppression of Vice.

# M. Ponzi fait la promotion du « Guide du négociant » avec un tirage de 3 000 000 d'exemplaires d'emblée

Lorsque je louai le bureau de School Street, mon intention était de devenir courtier pour des firmes nationales et étrangères. Une sorte de ministère des Affaires Étrangères, en particulier pour celles qui ne pouvaient pas entretenir leur propre service correspondant. Et je puis dire que je possédais les qualifications pour donner satisfaction. Mais je n'avais pas les contacts nécessaires. Ni aux États-Unis, ni à l'étranger. Je m'activai donc pour en acquérir. Par le moyen de circulaires. Pour me rendre compte finalement qu'entre les frais généraux, la papeterie et les timbres, cela me revenait à cinq cents pour les États-Unis, et à huit cents pour chaque circulaire à l'étranger. Beaucoup trop. À ce rythme, mes ressources limitées auraient fondu avant que je n'obtienne de retours sur investissement appréciables.

Je cherchai un moyen moins coûteux d'atteindre mes partenaires éventuels. J'examinai l'intérêt de la publicité. En particulier dans les publications consacrées au commerce international. Et je fus vite convaincu que le domaine était mal défriché. La principale revue spécialisée dans le domaine avait, à l'époque, un tirage mensuel d'à peine 50 000 exemplaires. Les coûts de la publicité y étaient totalement hors de proportion avec les services qu'elle rendait. Il était clair qu'il fallait une nouvelle publication offrant une plus grande circulation pour moins cher. J'en conçus donc une. Dans tous les détails. Je l'appelai « Le Guide du Négociant ». Et j'entrepris sa promotion sous le nom de « The Bostonian Advertising & Publishing Company ». Beaucoup de lettres et un titre supplémentaire sur la porte.

Le premier problème était d'obtenir une large circulation. Mondiale. La réponse était la distribution gratuite. Les gens ne refusent jamais ce qui ne leur coûte rien. C'est la nature humaine. Mais ils ne pourraient utiliser ma publication s'ils n'étaient pas capables de la lire. Il fallait donc l'imprimer en plusieurs langues. Pas toutes. L'anglais, le français, l'italien, l'allemand, l'espagnol et le portugais suffiraient.

La question de la liste de diffusion fut facilement résolue. Les annuaires, nationaux et étrangers, le Bureau du Commerce intérieur et étranger des États-Unis et le Service consulaire des États-Unis me donnèrent tous les noms que je voulais. Classés de toutes les manières possibles. Mais je ne pouvais pas expédier des millions d'exemplaires de chaque numéro. Le coût et le travail exigés auraient été prohibitifs. Je décidai donc d'envoyer 100 000 exemplaires tous les six mois. Et de m'adresser à chaque fois à une catégorie différente de lecteurs. Jusqu'à ce que mes listes de diffusion soient épuisées. Mais j'avais de la marge, et du pain sur la planche, car j'avais plus de trois millions de noms.

C'et là qu'il me fallait faire appel à toutes mes ressources. Tout d'abord, je devais maintenir l'intérêt porté aux exemplaires du Guide du Négociant déjà distribués. D'autres publications le faisaient en sortant un nouveau numéro tous les mois. Mais elles couvraient toujours le même nombre limité de souscripteurs. Tandis que moi, il me fallait atteindre un nombre presque illimité de lecteurs.

En second lieu, Comme le Guide du Négociant contenait à la fois des articles et de la publicité, laquelle n'avait qu'un intérêt régional, je devais trouver une manière de ne diffuser dans chaque section que ce qui pouvait avoir une signification sur le plan local. Ainsi, un Esquimau ne s'intéresserait pas davantage aux réfrigérateurs ou aux ventilateurs qu'un Congolais aux manteaux de fourrure et aux appareils de chauffage.

La seule façon de se tirer de ces difficultés était un système de feuilles volantes. En fait, je sélectionnai une couverture bon marché avec des fixations à vis. Je prévis d'en envoyer une à chaque lecteur, avec seulement les pages d'articles et de publicité qui pourraient l'intéresser. De temps à autre, au fur et à mesure que je publierais de nouvelles pages, je les lui enverrais pour qu'il puisse les ajouter à son classeur. Pour le maintenir à jour. Chaque nouvelle série de 100 000 lecteurs recevrait, naturellement, la même couverture que celle déjà expédiée à d'autres, et toutes les pages publiées jusqu'alors. Un tel plan de distribution aurait mis un exemplaire complet et à jour du Guide du Négociant dans les mains de 200 000 lecteurs la première année, et de 200 000 nouveaux lecteurs chacune des années suivantes.

Comment allais-je payer tout cela, si la publication était distribuée gratuitement ? Facile. En vendant des espaces publicitaires. La proportion d'articles par rapport à la publicité était de 1 à 3. Autrement dit, pour chaque page d'articles, je vendrais trois pages de publicité. Pourrais-je les vendre ? Certainement ! Si d'autres y arrivaient, je ne voyais pas pourquoi j'échouerais. J'avais davantage à offrir qu'eux, pour le même prix. Pour moins cher, en fait.

Les principales publications à l'époque demandaient – et obtenaient – environ 500 dollars la page pour un espace publicitaire. Dans chaque numéro mensuel. Qui n'avait que

50 000 souscripteurs. Le Guide du Négociant, pour le même prix, aurait mis la même publicité sous les yeux de 100 000 lecteurs. Et non seulement cela, mais le côté feuille volante donnait aux annonceurs le moyen de n'atteindre que les lecteurs qu'ils voulaient toucher, à l'exclusion de tous les autres.

De plus, chaque numéro d'une publication mensuelle n'a que 30 jours d'existence. Il n'est d'actualité que jusqu'à ce que le suivant paraisse. Puis il devient dépassé. Habituellement, on le jette. On on le vend au chiffonnier. Par conséquent, pour maintenir la même page de publicité devant les yeux des mêmes 50 000 souscripteurs pendant un an, il en coûterait à l'annonceur 6 000 dollars. Mais le Guide du Négociant, lui, ne serait jamais dépassé. Ce serait un cahier de référence permanente à garder année après année, pour insérer et classer les pages nouvellement publiées sous la même couverture à feuilles volantes. Par conséquent, entre payer 500 dollars pour une exposition de 30 jours, ou la même somme pour une exposition permanente, tout en touchant deux fois plus de lecteurs, les annonceurs ne pourraient pas hésiter. Ils donneraient la préférence au Guide du Négociant. Car mes arguments de vente étaient imbattables. Et mes concurrents étaient loin derrière.

Tout bien considéré, un numéro du Guide du Négociant, avec couverture, 50 pages d'articles, 150 pages de publicité et frais d'expédition, m'aurait coûté environ 35 cents. Ou 35 000 dollars pour 100 000 exemplaires. Les 150 pages de publicité m'auraient rapporté plus de 75 000 dollars. Et, sur la page de couverture, probablement encore 5 000 dollars. La marge nette de profit devait être d'environ 15 000 dollars pour les six premiers mois. Et progressivement de plus en plus.

Le Guide du Négociant était un bon produit. Je le pensais. Je le pense toujours. Je le dis. Tout le monde tomba d'accord avec moi et le dit. Pourtant, personne ne semblait y croire suffisamment pour contribuer à le financer.

Entre autres, un ancien gouverneur du Massachusetts. Il donnait très facilement des interviews. Et des encouragements. Mais, en-dehors de ça, plus dur qu'une peau de tambour. Je ne pus le persuader d'acheter une demi-part dans le Guide pour 5 000 dollars. Je suppose qu'il aurait même refusé d'acheter un terrain sur Boston Common à dix dollars l'hectare.

Je cherchai de l'argent partout. N'en trouvai nulle part. Malgré tout, je me battis jusqu'au bout. Mis en gage les bijoux de famille. Hypothéquai les meubles. Je ne vendis pas mon âme au diable, parce qu'il se rendit compte qu'il pouvait l'avoir pour rien s'il attendait suffisamment longtemps.

Dans un moment de désespoir, je décidai de demander un emprunt à une banque. Je devais être au 36e dessous. Sinon j'aurais été plus avisé. Je demandai un emprunt de 2 000 dollars à la Hanover Trust Company. Pendant plusieurs mois, j'y avais eu un compte. Qui était plus casse-pieds qu'autre chose. C'était l'avis de la banque. J'avais une opinion différente. Mais un jour sur deux, à neuf heures du matin tapantes, je devais courir au guichet du caissier pour couvrir quelques chèques que j'avais signés après les heures d'ouverture. Bien que je me sois toujours débrouillé pour arriver à la banque avant mes chèques, le comptable devait avoir du mal à suivre le rythme.

Lorsque je sollicitai mon emprunt, j'essayai d'avoir l'air indifférent. Je demandai 2 000 dollars du même ton que pour avoir la monnaie de cinq cents. Mon dossier n'alla pas très loin. Il n'atteignit jamais la Commission des Prêts ; dès que le Directeur en entendit parler, il le jeta au panier, entre deux bouffées de cigare. La note que je présentai à la banque comme nantissement ne l'impressionna pas. Non plus que ma déclaration comme quoi j'étais un client de la banque.

« Désolé, dit-il d'un ton glacial, mais je ne peux pas vous accorder ce prêt. Bien que nous ayons pour politique de rendre service à nos déposants à chaque fois que nous le pouvons, votre compte nous apporte davantage d'ennuis que de bénéfice. Bonne journée. »

Cette dernière remarque me rendit si furieux que j'aurais pu cracher du venin. Je le suivis du regard lorsqu'il rentra dans son bureau. Puis je quittai la banque en murmurant : « Un jour, ce type-là me mangera dans la main ! »

Quelques mois plus tard, cette prophétie se réalisa. À ce moment, je possédais la Hanover Trust Company. En bloc, en gros et en détail. J'avais un solde de 5 000 000 de dollars dans cette banque. Je n'étais rien moins que l'actionnaire principal, le président du Conseil d'administration, et un membre permanent du Comité Exécutif.

Lors de l'une de nos réunions hebdomadaires, le trésorier introduisit une motion visant à augmenter le salaire du président. L'un de mes hommes – le Comité Exécutif en était bourré – s'y opposa. Je restai assis, l'air indifférent. Le trésorier, en rogne, suggéra que la question soit mise au vote. La suggestion fut acceptée. Nous votâmes à raison de notre nombre d'actions. Le trésorier s'imaginait qu'entre ce que le président et lui possédaient, plus les procurations qu'ils avaient, plus les votes indépendants isolés, ils emporteraient la motion. Mais je possédais 1 625 actions, et en contrôlais, à la suite d'accords, 600 de plus. Sur un nombre total de 4 000 actions. Mon vote était « non ».

« Je suis battu ! dit le président après décompte des votes.

– Et comment ! lui répondis-je. Vous vous êtes battu vous-même lorsque vous m'avez refusé un prêt de 2 000 dollars il y a environ six mois. Vous vous souvenez ?

« Probablement pas. Mais moi, je n'ai pas oublié, continuai-je. Vous m'avez dit alors que mon compte apportait davantage d'ennuis que de bénéfice à cette banque. Mais vous avez témoigné d'un manque de tact déplorable pour un président de banque. Ce petit compte présente aujourd'hui un solde positif de 5 000 000 de dollars. Soit davantage que la totalité des autres dépôts. Après votre remarque d'il y a six mois, j'aurais été en droit de fermer mon compte. Et cette banque ne me compterait pas parmi ses déposants. Aujourd'hui je refuse votre augmentation parce que je ne pense pas que vous soyez véritablement un atout pour cette banque.

– Alors il n'y a plus rien d'autre à faire pour moi que de démissionner, dit-il.

– Démissionner ? rétorquai-je. Vous pouvez faire ce que vous voulez. Mais vous n'êtes pas en situation de démissionner. Je possède cette banque. Vous êtes un de mes employés. Pour l'instant, vous pouvez rester président. Si à un moment quelconque je décide que je ne veux plus vous voir, je vous renverrai. »

Mais, après cette digression, laissez-moi reprendre mon histoire. De retour dans mon bureau – qui, à propos, avait été déplacé dans un local plus grand au second étage – après avoir été à la Hanover Trust, j'appelai mes employés. Deux sténographes et un jeune garçon. Je les informai que je n'aurais plus besoin de leurs services après le samedi suivant. Car je ne pourrais plus payer leur salaire. Ils offrirent de rester. De travailler pour les « perspectives ». Je ne pus ni ne voulus y consentir. Mais j'étais profondément touché par leur fidélité.

L'étape suivante consistait à insérer une petite annonce dans les journaux. Espace bureau à sous-louer, ou quelque chose du genre. Ceci apporta quelques résultats immédiats. En moins d'une semaine, j'avais plusieurs locataires. Mon loyer était couvert. La porte de verre sur laquelle on lisait : « Charles Ponzi, Export & Import » et « The Bostonian Adv. & Publ. Co. », se mit, avec les nouveaux noms, à ressembler à un annuaire. Sans doute ma dignité en souffrit quelque peu. Mais ce que je perdis sur ce plan, je le récupérai en tranquillité.

Je chassai de mon esprit le Guide du Négociant. Un autre château de cartes s'était écroulé. Ce n'était pas grave. Je commençais à m'habituer à poursuivre un rêve. Dès que l'un m'échappait, j'en suivais un autre. Pour un rêveur, j'étais certainement persévérant. Je n'abandonnais pas. Jamais démonté par l'échec, je transférai mon attention du Guide du Négociant aux coupons-réponse internationaux. Un nouveau rêve était entré dans mon champ de vision. Le plus spectaculaire de ceux que j'avais jamais vus. Avec une énergie et un enthousiasme renouvelés, je le poursuivis. Lorsque je l'eus rattrapé, j'y trouvai quinze millions de dollars à la fin. J'aurais dû me dire que cela suffisait. Et abandonner dans d'aussi bonnes conditions. Mais je persévérai. D'où la présente histoire.

# M. Ponzi finit par découvrir une voie inexplorée menant à une richesse fabuleuse et la suit

Le « racket » des coupons-réponse internationaux, en fait, me tomba du ciel comme une pomme mûre. Je n'eus pas à secouer l'arbre pour la faire tomber. Je me penchai simplement là où elle était tombée, et je la ramassai. Cela avait l'air appétissant. Succulent. J'en cherchai les inconvénients. N'en trouvai aucun. Il fallait que je morde dedans. Je n'aurais pas été humain si je ne l'avais pas fait.

En triant ma correspondance, je remarquai une lettre d'Espagne. Elle avait un coupon-réponse international attaché à un coin. La lettre était sur mon bureau depuis plusieurs jours. Je la lus. Elle ne disait pas grand-chose. Elle demandait simplement un exemplaire du Guide du Négociant. Et le coupon avait été inclus dans le pré-paiement de l'affranchissement. J'avais déjà vu et utilisé des coupons. Je savais ce que c'était. Je connaissais leur fonction exacte.

Le coupon qui était devant moi était d'aspect identique à ceux que j'avais manipulés auparavant. Il avait été émis par un bureau de poste espagnol. Mais il correspondait en tous points aux coupons émis par d'autres pays. La seule différence, mineure, était qu'en bas, il comportait le mot « Espana » (Espagne), au lieu du nom d'un autre pays. De même, en haut, la valeur était portée en espagnol et se lisait : « 30 centavos. »

La légende principale apparaissait sur la face et à l'envers du coupon en plusieurs langues. On y lisait : « Ce coupon peut être échangé dans n'importe quel bureau de poste de n'importe quel pays de l'Union Postale Universelle pour un affranchissement d'une valeur de 25 centimes, ou son équivalent. »

Le coupon éveilla mon attention accidentellement. À un moment où mon esprit était totalement en alerte. Mais c'était entièrement du fait que j'étais déjà au courant des coupons et des taux de change des devises étrangères que j'y vis une occasion de spéculation. Une voie inexplorée, un raccourci pour gagner de l'argent facilement. Et il peut sembler étrange, presque stupéfiant, que la voie que j'allais emprunter ait pu échapper jusqu'alors aux gourous de Wall Street. Mais c'était le cas. Et ces oiseaux-là ne m'ont jamais pardonné. De les avoir pris au dépourvu. Lorsqu'on bat quelqu'un sur le poteau, on peut parier son dernier dollar qu'il ne vous lâchera pas jusqu'à ce que votre bénéficiaire se paye sur votre police d'assurance.

Ma découverte n'était pas due à une étude scientifique approfondie. En fait, elle ne nécessitait ni science, ni étude. Elle était beaucoup plus simple que la théorie de la relativité d'Einstein. Si simple, en réalité, qu'il me fallut moins de cinq minutes, à crayonner sur un bloc-notes, pour me rendre compte de ses possibilités.

Le coupon lui-même racontait une brève histoire. Il avait été acheté dans un bureau de poste espagnol pour 30 centavos. Nominalement équivalant à 6 cents des États-Unis. On pouvait l'échanger, aux États-Unis, contre un timbre-poste d'une valeur faciale équivalant à 25 centimes, soit 5 cents. Il restait à vérifier si le coupon pouvait être concrètement échangé aux États-Unis. Une visite à la Poste de Boston aurait réglé la question en un rien de temps. Mais cela ne pressait pas.

Ce qui me donna à penser était de savoir que la peseta – l'unité monétaire espagnole – était alors cotée 15 cents en devise américaine, au lieu de 20 cents, sa valeur nominale. Un rapide calcul révéla qu'à ce taux on pouvait acheter 6,66 pesetas pour un dollar. Comme une peseta était constituée de 100 centavos, 6,66 pesetas étaient égales à 666 centavos. Il ne fallait pas grand effort pour découvrir qu'avec 666 centavos, j'aurais pu acheter dans n'importe quel bureau de poste espagnol 22 coupons exactement semblables à celui qui était devant moi. Coupons que je pourrais échanger aux États-Unis contre un timbre à 5 cents chacun. Soit 1,10 dollar. La transaction dégageait un profit de 10 %.

Une marge de 10 % ne représentait pas une grande spéculation. Mais une réflexion me mena à une autre. Certaines devises étrangères avaient subi une dépréciation bien plus grande que la peseta. La lire italienne, par exemple. Elle était alors cotée à environ 5 cents au lieu de 20 cents. Une lire était égale à 100 centesimi. Un dollar aurait donné 20 lires, soit 2 000 centesimi. Avec 2 000 centesimi, j'aurais pu obtenir 66 coupons de 30 centesimi chacun. Soit suffisamment de coupons pour obtenir en échange, à la Poste de Boston, 3,30 dollars de timbres à 5 cents. Un bénéfice brut de 230 %.

Jusque là, j'étais resté dans les considérations théoriques. En mon for intérieur, j'étais sûr de mes chiffres et de mes conclusions. Si j'avais possédé ne fût-ce que quelques centaines de dollars, je n'aurais pas hésité à faire cavalier seul. Ma situation financière rendait cela impossible. Comme d'habitude. Lorsqu'il m'arrivait quelque chose de bien, je ne pouvais jamais jouer en solo.

Face à la nécessité d'emprunter à d'autres, il me parut que j'avais besoin de quelque chose de plus substantiel que mes propres théories et opinions. Je ne pouvais pas approcher un prêteur potentiel avant de posséder une preuve irréfragable que mes assertions étaient absolument exactes.

Tout d'abord, il était important de m'assurer que la dépréciation des devises papier n'avait pas affecté le prix auquel on pouvait vendre les coupons. À cet effet, j'envoyai trois lettres. Chacune incluait un billet d'un dollar. L'une fut expédiée en Espagne, une autre en France et la troisième en Italie. Dans chaque cas, je demandai au destinataire d'échanger le billet d'un dollar contre de la monnaie papier de son propre pays. Puis d'acheter, avec le produit de la vente, autant de coupons qu'il pourrait en obtenir, et de me les envoyer par la poste. Dans l'espace de quelques semaines, je reçu mes réponses et les coupons. Les résultats coïncidaient avec mes attentes.

Entre temps, une enquête au Bureau de poste de Boston m'avait confirmé que les coupons pouvaient y être échangés sans problème.

Un exemplaire du Guide Postal des États-Unis et un journal pris au hasard et publiant les taux de change en vigueur complétèrent la chaîne de preuves nécessaire pour étayer mes affirmations. En tout, il m'avait coûté moins de quatre dollars pour poser la fondation d'une entreprise qui, neuf mois plus tard, était créditrice de dettes impayées à hauteur de 15 000 000 de dollars.

Le trait particulier de toute l'opération était que les lois et traités en vigueur quant à l'achat et au rachat des coupons protégeaient l'utilisateur de ces coupons et non les divers États concernés. Ils n'avaient pas le droit de refuser de vendre ou de racheter les coupons sans préavis adéquat. Même s'ils se rendaient compte qu'ils faisaient l'objet d'une spéculation en cours. Et qu'ils allaient y perdre de l'argent.

Les coupons étaient un bien comme des timbres-poste. Ils faisaient partie intégrante du service postal que, s'agissant d'un monopole d'État, l'État garantissait et devait assurer de manière satisfaisante.

Qu'elles dégagent un profit ou présentent un déficit, les Postes de n'importe quel pays ne pouvaient refuser de me vendre des timbres. Elles ne pouvaient pas limiter le nombre de coupons que je voulais acheter ou racheter. Elles ne pouvaient refuser d'accroître leur approvisionnement normal sous prétexte qu'il devenait contraignant de répondre à une demande supplémentaire. Autrement dit, la charge de respecter les termes du contrat reposait entièrement sur les États, et non sur moi. Tout ce qu'on pouvait attendre de moi était de donner de l'argent en paiement de coupons. Des coupons en échange de timbres. Mais ce que je faisais ensuite avec les timbres ne regardait personne d'autre que moi.

Il n'y avait pas de loi, d'arrêté ou de règlement que je puisse violer par un trafic de coupons, effectué comme il est dit ci-dessus. Le pire qu'on ait pu dire aurait été de le qualifier d'immoral. Mais il n'y avait là aucune infraction à la loi. De toute façon, le milieu ambiant m'avait rendu assez imperméable aux questions de morale. À l'époque, tout comme aujourd'hui, personne ne s'en souciait. Le seul objectif était d'accumuler des dollars. Et leur possession vous mettait au-delà de toute critique sur un quelconque manquement éthique encouru lors de leur acquisition.

Mes premiers essais d'emprunts de sommes substantielles échouèrent totalement. Les gens voulaient trop en savoir sur mes projets. Davantage qu'il n'était prudent d'en dire. Si j'avais été trop prolixe, quelqu'un aurait pu utiliser l'information pour lui-même. Et me laisser en plan. Par conséquent, j'en dis juste assez pour attiser l'appétit et la curiosité de mes interlocuteurs. Pas davantage.

Je perdis très peu de temps et d'effort à rechercher de grosses sommes. J'abandonnai très vite cette quête sans espoir. Car je savais qu'il était plus facile d'emprunter dix dollars à chaque fois à dix personnes différentes qu'une centaine auprès d'une seule. Mais pour emprunter même de petites sommes à des étrangers, je me rendis compte qu'il me fallait un certain prestige. Tel qu'en confère un nom de société. Et donc, je décidai d'en créer une. Et je lui donnai le nom de Securities Exchange Company. Convaincu que j'étais sur la bonne voie, j'étais déterminé à mener la chose à bien. Et je n'hésitai pas ! Mais avec un résultat bien différent de ce que j'avais prévu !

# M. Ponzi organise la Securities Exchange Company sur le modèle d'une société unipersonnelle

La mise en place de la Securities Exchange Company fut très simple. À cette époque, il n'y avait pas de lois de transparence à respecter. Pas au Massachusetts, en tous cas. En effet la fameuse Securities Act ne fut pas votée avant 1921. Ce qui, d'ailleurs, en ce qui me concerne, revenait à fermer l'écurie à clé après que le cheval ait été volé.

Quelle qu'ait été sa simplicité, la question de l'organisation présentait quelques menus problèmes. La forme société était hors de question. Je ne savais pas comment en rédiger les statuts. Je n'avais pas envie de mettre la clique habituelle d'avocats dans la confidence. Ceux en qui j'aurais pu avoir confiance étaient trop chers pour moi. Ceux que je pouvais me payer étaient peu fiables. À l'époque, le coût accessoire de la société était supérieur à ce que je pouvais mettre.

Comme j'avais décidé de ne pas opérer sous mon propre nom, la seule autre possibilité était une société en nom collectif. Après avoir un peu étudié la situation, cela me parut inadapté. Les partenaires souhaitables n'étaient pas à ma portée. Les autres, je n'en voulais pas. Il ne me restait qu'à trouver une nouvelle forme d'organisation. Quelque chose qui ferait l'affaire sans coûter d'argent. Le résultat fut un « partenariat sans partenaire ».

Le statut légal d'un tel partenariat est peut-être discutable. Cependant, ce point ne fut jamais soulevé au cours du procès qui suivit l'effondrement de mon entreprise. La Securities Exchange Company fut traitée comme une « société unipersonnelle ». Évidemment, il doit être théoriquement possible selon la loi qu'un homme « fasse une compagnie avec lui-même ». Sincèrement, il y a davantage de personnes limites au point de vue légal que dans un musée à dix sous. Et elles ne sont pas non plus toutes au tribunal.

Lorsqu'un aimable employé de l'Hôtel de Ville de Boston me donna le formulaire d'enregistrement nécessaire, je découvris qu'il me fallait inscrire le nom des divers membres de ma compagnie. Je me désignai comme gérant. Pour gagner du temps. Et réfléchir vite. Si j'avais hésité, qu'aurait pensé l'employé ?

Le nom de John S. Dondero me vint à l'esprit. Il était mon oncle par alliance. Homme de bonne réputation. L'enregistrement n'était qu'une formalité, après tout. Je ne voyais pas les conséquences que cela aurait pu avoir. Je l'inscrivis donc comme l'un des partenaires. Certain qu'il ne le saurait jamais. S'il l'apprenait, je pouvais expliquer pourquoi j'avais utilisé son nom sans autorisation.

Le second nom qui me vint à l'esprit était celui d'un homme que j'avais connu en Italie. Que je croyais mort. Mais il apparut plus tard que la nouvelle de son décès avait été « légèrement exagérée ». Comme la mort de Mark Twain. Il était tout à fait vivant. L'ignorant, j'écrivis son nom avec un petit rire. Lui, au moins, ne l'apprendrait ni ne s'en soucierait jamais !

C'était ma conception d'un partenariat « sans partenaire ». Forme d'organisation tout à fait idéale. Silencieuse. Discrète. Mais suffisante pour remplir les obligations légales. Si j'avais su alors ce qui allait advenir, je l'aurais rendue encore plus idéale. En mettant un autre défunt à la place de mon oncle.

Ce qui lui aurait épargné beaucoup d'ennuis immérités. Et donné, à moi, une plus grande sécurité. Les morts ne provoquent pas de dissension. Et sont injoignables par assignation. Ni accusés d'outrage à magistrat.

La Securities Exchange Company commença sa carrière commerciale sous les auspices les plus favorables. Certes, elle n'avait pas de capital. Mais elle n'avait pas non plus de mauvaise réputation. Ni de dettes. Rien d'étonnant. Sa création ne m'avait presque rien coûté. Soit le prix de trois paquets et demi de cigarettes et d'un coupon.

Après l'enregistrement, ma société existait officiellement. Mais c'était à peu près tout. J'avais une adresse. Quelques meubles et matériels de bureau. Mais pas d'en-têtes ni d'autre papeterie essentielle. Il me manquait toujours environ 50 dollars pour être véritablement prêt à démarrer. Avec des comptes présentant un déficit régulier, comme le budget national. Je n'aurais pas pu économiser un dollar par mois. En réalité, je n'aurais pu, de toute façon, durer très longtemps.

Ce n'était pas brillant. Comme s'il était impossible de trouver cinquante dollars dans tout Boston. Sauf, peut-être, dans les grandes banques, qui ont généralement sous la main au moins cette somme. Pis encore, certains de mes créditeurs commencèrent à me harceler pour des versements à échéance, en retard et archi-en retard. À peine avais-je bouché un trou qu'un autre fuyait. Comme un plombier dans une situation désespérée.

L'un des créditeurs venait très régulièrement. C'était un marchand de meubles du North End. Sa spécialité : tout l'équipement de la maison pour les nouveaux mariés. Depuis les ressorts de matelas silencieux jusqu'aux rouleaux à pâtisserie. Je lui devais de l'argent pour mes meubles. Des bureaux et des sièges en pin blond qu'on m'avait refilé pour du chêne maillé.

Il était de mauvaise humeur lorsqu'il vint me voir ce jour-là. S'il n'avait pas été si petit, il aurait eu l'air dangereux.

Comme c'était un petit homme riquiqui dans mon genre, je ne m'affolai pas. Je l'invitai à s'asseoir et il hésita.

« Pour l'amour de Dieu, asseyez-vous ! lui ordonnai-je. Cette chaise est encore à vous et cela ne vous coûtera rien ! »

Il s'assit et commença à tirer des papiers de sa poche. Hypothèque, factures, reçus, etc. Je fis un geste pour l'arrêter. Tout cela n'était pas nécessaire pour me rappeler ce que je ne pouvais pas oublier. À savoir, ce que je lui devais.

Il était déterminé à me tirer quelque argent ce jour-là. Soit ça, soit les meubles. L'argent ne m'inquiétait pas. Je ne l'avais pas, et c'était tout : il ne pouvait pas faire saigner un navet. Mais je ne voulais pas perdre les meubles. L'idée d'avoir à m'asseoir sur le rebord de la fenêtre ne me disait rien du tout. J'ai mes manies.

Je dus capituler. N'ayant pas de liquide, je lui en offris le meilleur substitut. Un billet à ordre.

« À quoi va me servir votre billet ? me demanda-t-il sur un ton méprisant. J'ai une hypothèque maintenant.

– Je sais, lui dis-je, mais ceci est autre chose. Écoutez. » Je m'efforçais toujours d'être convaincant : « Je vais vous faire une proposition, mais tout d'abord répondez à quelques questions. Vous avez un compte en banque, naturellement ?

– Oui, admit-il.

– Avez-vous une solvabilité suffisamment bonne à la banque pour pouvoir présenter de temps en temps des billets à escompte ?

– Oui, répéta-t-il.

– Seriez-vous gêné par un escompte de, disons, 200 dollars ? fut ma question suivante.

– Non, je ne crois pas, dit-il.

– Eh bien, insistai-je, si je vous donne un billet à 60 jours pour 200 dollars, vous pourriez le porter à la banque et en tirer de l'argent, non ?

– Oui, reconnut-il.

– Très bien. Maintenant, si vous pouviez utiliser cet argent, ou une partie, pour le paiement de ma facture, cela ferait-il la moindre différence pour vous que l'argent vienne d'ici ou d'ailleurs ? continuai-je.

– Non. Évidemment pas. Tant que le billet est payé à l'échéance, concéda-t-il.

– Exactement. Maintenant, ma proposition est la suivante, déclarai-je. Je vais vous donner un billet à 60 jours pour 200 dollars. Vous allez l'escompter à la banque et créditer mon compte de 100 dollars. Vous garderez le reste à ma disposition. Je ferai des prélèvements selon mes besoins.

– Il faudra d'abord me montrer comment vous allez payer ce billet à la date d'échéance, dit-il.

– Certainement, reconnus-je. Je vais le faire tout de suite. »

Pendant le quart d'heure qui suivit, je lui parlai des coupons-réponse internationaux. Je lui révélai toute l'histoire. Depuis le traité de Rome de 1907 jusqu'à ce moment. Je lui montrai un coupon. Lui enjoignis de le garder et de l'échanger à la Poste. Je lui fis lire le Guide Postal Officiel des États-Unis en page 37. Puis je lui expliquai les cotations sur le marché des devises. Autrement dit, je lui expliquai le mécanisme. Et lorsque j'eus fini, il fut entièrement acquis à la proposition. Il accepta le billet.

À ce propos, mon seul accord avec lui fut de rembourser ce billet à l'échéance avec l'intérêt habituel. J'honorai ma part de l'accord. Non seulement avais-je remboursé ce billet, mais j'avais également réglé sa facture dans sa totalité. Et je chassai l'affaire de mon esprit.

Cinq mois plus tard, sans préavis, je me trouvai défendeur dans un procès à un million de dollars engagé par ce même individu. Sur l'autorité de ce billet à ordre, il revendiqua la moitié de la Securities Exchange Company. Il m'attaqua. Et je dus débourser 50 000 dollars pour m'en débarrasser. Mais j'en dirai davantage à ce sujet plus loin.

Disposant de suffisamment d'argent pour la papeterie et d'autres dépenses mineures, je complétai mon plan d'opérations. Je décidai d'emprunter dans le public. Pour des montants de dix dollars et davantage. Gagés par les billets à ordre de la Securities Exchange Company. Les sommes recueillies devaient être utilisées pour acheter des coupons. Les billets devaient être payables à 90 jours et porter un intérêt de 50 %. En fait, j'adoptai la pratique consistant à reprendre mes billets à 45 jours de l'échéance. Et ainsi de payer à raison de 400 % par an.

Dès le moment où je me trouvai équipé pour cette affaire, je commençai à chercher des investisseurs. À prendre tel et tel contact. À parler de ma société. De ses billets. Des coupons. Mais jamais à solliciter vraiment des investissements. Je savais que la curiosité finirait par engendrer des demandes de renseignements et par amener des gens dans mon bureau.

En fait, un jour j'eus un visiteur. Mon premier visiteur. Il avait entendu parler de ma proposition et voulait en savoir davantage. Je lui exposai tout ce qu'il y avait à savoir.

Je ne peux pas dire qu'il fut convaincu par mes explications. Il comprenait l'affaire, oui. Mais il semblait davantage impressionné par l'histoire des 50 % que par la technique de mon plan. Évidemment, il n'était pas un « connaisseur » de la question. Je voyais d'après l'expression de son visage qu'il effectuait des calculs mentaux. Il était probable qu'il échafaudait quelque investissement imaginaire. Mais ce qui lui passa à travers la tête le laissa suffisamment prudent pour résister à la tentation. Il n'investit pas. Il me dit qu'il ne pouvait pas se le permettre.

La prise de conscience de ce que j'allais manquer ma première vente et, avec elle, probablement un peu de ma confiance en moi-même, me poussa à lui offrir une solution. C'était une idée toute nouvelle. Le résultat d'une impulsion. Plutôt que d'une réflexion sobre. Mais l'impulsion et l'audace constituaient alors à peu près les neuf dixièmes de mes atouts.

Lorsque je lui dis que, s'il expliquait ma proposition à ses amis, il pouvait empocher une commission de dix pour cent sur leurs éventuels investissements, il accepta l'opération. Je ne lui donnai pas de références. Il n'en avait pas besoin. Mais je lui fis un cours de technique de vente et de psychologie. Il en avait besoin. En particulier du fait de mes idées nouvelles sur le sujet.

Mon idée était bonne. J'en étais absolument persuadé. Étant bonne, elle n'avait pas besoin d'être inculquée de force. Inutile de trop insister sur ses avantages. Je vendais mes dollars pour 66 cents. C'était tout. Et c'étaient de bons dollars. Toute tentative de passer en force auprès d'un investisseur potentiel aurait fait naître des soupçons, plutôt que la confiance. Par conséquent, je lui dis que pour réussir, il ne fallait jamais contrarier la personne à qui l'on s'adressait. Ne jamais aller au-delà des simples détails concernant la transaction sur les coupons. Une fois ceux-ci compris, les gens ne pouvaient manquer d'investir.

Et ce fut le cas. Les événements ultérieurs prouvèrent que j'avais raison. Que je connaissais la nature humaine. Que j'étais meilleur vendeur d'instinct que d'autres par formation. À l'époque, toute proposition ayant trait aux échanges avec l'étranger avait la cote, davantage qu'une mine d'or. Je comptais là-dessus pour attirer l'attention. Pour me donner une amorce pour d'autres détails. Le coup des 50 % aurait fait le reste. Cela aurait touché une corde sensible dans le cœur de tout homme et de toute femme. Et c'est ce qui se passa. Car nous sommes tous des parieurs. Nous avons tous soif d'argent facile. En grande quantité. Si ce n'était pas le cas, aucun plan d'enrichissement rapide ne marcherait.

Ma proposition était décidément tentante. Apparemment infaillible. On pouvait l'essayer avec un billet de dix dollars.

On aurait pu considérer que cet investissement n'avait pas de sens du point de vue économique. Mais c'était extrêmement intéressant comme pari.

Les gens parièrent avec moi comme je l'avais pensé. Ils me donnèrent dix dollars histoire de rigoler. Lorsqu'ils en reçurent quinze au bout de 45 jours, ils abandonnèrent tout sens de prudence. Ils plongèrent sans limite. Ils amenèrent leurs amis. La légion de mes investisseurs crût à pas de géant. Chaque client satisfait devint un vendeur bénévole. Ce fut leur enthousiasme, et non le mien, qui fit passer la chose. J'admets que j'avais commencé à faire rouler une petite boule de neige. Mais c'est par elle-même qu'elle devint une avalanche.

Mon premier vendeur fut la boule de neige. À la date du 1er janvier 1920, il avait réuni exactement 18 investisseurs. Pour un montant total de 1 770 dollars. La boule de neige avait commencé à descendre la pente. Elle prit de la vitesse lorsque, aux environs de la seconde semaine de février, je payai à mes premiers investisseurs 2 478 dollars sur leur mise originale de 1 770 dollars.

À partir de là, le nombre d'investisseurs augmenta rapidement et régulièrement. À la fin juillet, ils étaient exactement 30 219. Ils détenaient des billets de la Securities Exchange Company pour un montant de près de 15 000 000 de dollars. La boule de neige avait atteint les proportions d'une avalanche. Qui aurait pu aller beaucoup plus loin avant de toucher le fond. Si ce n'avait été mon propre excès de confiance dans les hommes et le destin. Et qui aurait dicté une histoire toute différente.

## M. Ponzi se voit poursuivi par la police et les inspecteurs de la Poste

Le premier vendeur avait manqué sa vocation dans la vie lorsqu'il devint un commerçant. Il aurait dû être un missionnaire. Aucun doute, il savait comment diffuser l'Évangile ! Ses activités ne pouvaient être mesurées par son succès, mais par leur effet. En une semaine, sa propagande avait atteint les oreilles sensibles d'un membre des groupes d'autodéfense de Boston. Et je fus honoré de la visite officielle d'un de leurs représentants.

Il portait des lunettes. Il était d'un âge indéfini entre la sénilité et le gâtisme. Comme on pouvait s'y attendre d'une institution aussi ancienne. C'était tout Boston, Dieu du Ciel ! Dans un rayon d'un kilomètre autour de la Custom House Tower, on trouve davantage de momies que dans le tombeau de Toutankhamon.

Mon visiteur ne perdit pas de temps en paroles inutiles. Il vint directement au fait. Il dit que l'institution qu'il représentait était très perturbée. De découvrir que j'offrais un profit de 40 ou 50 pour cent en 90 jours à mes investisseurs. Il affirma que les restes illustres des Pères Pèlerins se retournaient dans leur tombe. Je pense qu'il dit « tombe. » Mais c'était peut-être « bombe ». Quoi qu'il en soit, il était naturel qu'ils soient troublés. Comme les 4 % de vieux bonzes de State Street.

Je décochai mon sourire le plus désarmant au vieux monsieur. Et lui exposai que le monde, après tout, avait fait quelques progrès en trois siècles. Je lui mis devant les yeux un coupon-réponse international. Lui expliquai ce que c'était. Il l'inspecta avec soin. Pour voir s'il n'y figurait pas de portrait du Général Lee ou de « Stonewall » Jackson. Il n'en trouva pas. Et poussa un grand soupir de soulagement. Il était heureux de savoir que le coupon, au moins, ne portait pas d'emblème sudiste.

Lorsque je lui dis que le coupon était un produit de l'Union Postale Universelle, il fut désorienté. Il ne savait pas si l'Union Postale n'était pas le résultat d'une fusion de la Postal Telegraph et de la Western Union. Ou simplement une adhérente de l'American Federation of Labor, la Fédération américaine du travail, le principal syndicat des États-Unis. Je vins à son secours. Et lui dis tout sur le Congrès Postal International de Rome en 1907. Il était toujours un peu sceptique. Jusqu'à ce que j'ouvre le Guide Postal Officiel des États-Unis en page 37. Alors il se leva et salua. Comme il l'aurait fait pour l'exécution de la Star Spangled Banner.

Une fois convaincu « au-delà de tout doute raisonnable » que mes articles étaient garantis par le Grand Sceau des États-Unis (ou bien était-ce celui de la Grande-Bretagne qui l'impressionna le plus ?), il devint facile de le familiariser avec les merveilleux mystères des changes de devises. Sa contenance resplendissante me suivit jusqu'au royaume des nombres à sept chiffres. Au point de se sentir pousser des ailes. Ébloui par un monde éternellement ensoleillé !

L'institution qu'il représentait ne m'aura jamais dérangé depuis. Je crois que j'en devins membre « honoraire » plus tard. Contre paiement d'une cotisation de 200 dollars. C'est toujours un honneur d'être en contact avec eux pour le prix d'une adhésion. Mais là où les investigations de cette institution s'arrêtèrent, d'autres prirent le relais.

En un rien de temps, je fis la connaissance de tous les inspecteurs de la police et des postes à Boston. Au sommet de ma carrière, j'eus davantage d'inspecteurs à travailler pour moi que pour la municipalité, sans compter les policiers. Il y en avait tant autour de moi que mon bureau ressemblait à un poste de police au moment de l'appel.

En fait, je soupçonne que si le siège ne fut pas transféré plus tôt de Pemberton Square à Berkeley Street, ce fut à cause de moi. Le nouvel emplacement ne pouvait pas convenir. Tant le Commissioner Curtis que le Superintendent Crowley savaient qu'ils n'y pourraient pas atteindre le quorum. C'était trop loin de School Street. Ils se rendaient probablement compte que la chose logique à faire était de déplacer l'enseigne de Pemberton Square à School Street et de la clouer au-dessus de mon bureau. Cela aurait coûté moins cher.

Il ne faut pas supposer, d'après ce que j'ai dit, que j'aie véritablement fait des avances à la police. Ce n'est pas mon genre. Les avances me furent imposées. Mais j'étais trop poli pour les refuser. Pour m'en formaliser. Je retournai simplement la politesse, pour ainsi dire. Comme l'homme qui joue avec la mort. Car il sait qu'il ne peut l'éviter.

En fait, une après-midi, alors que j'étais penché en arrière dans mon fauteuil pivotant, les pieds appuyés sur le radiateur, le téléphone sonna. J'attrapai l'appareil, et fus accueilli par une voix familière.

« Charlie, dit-elle. Un mandat d'arrêt a été émis contre vous. » Rien que cela !

Je ne sais plus ce qu'elle dit d'autre, et cela n'a pas d'importance. Cette seule phrase suffit pour me faire bondir sur mes pieds. Une telle menace est toujours un choc. On peut se regarder dans le miroir un matin. Et découvrir que l'on a contracté la petite vérole en une nuit. On peut le prendre philosophiquement. Mais si le même homme apprend qu'il va être arrêté, sa première impulsion sera de tourner comme un lion en cage. Et de chercher une cachette.

Cette alerte par téléphone me troubla vraiment. Un très bon souper m'attendait chez moi, et risquait d'être gâché. Et je ne savais même pas ce que prévoyait le menu à la prison de Charles Street. Un moment, je fus tenté d'appeler le Sheriff Kelliher et de le lui demander. De lui dire de me le garder au chaud. Mais d'autres pensées me vinrent à l'esprit. Allais-je rester assis à mon bureau et attendre que le mandat me soit délivré, ou quoi ? Non. Je décidai que je n'attendrais pas.

Je mis mon chapeau et mon manteau et marchai jusqu'à Pemberton Square. Au siège de la police. Je m'enquis du « mandat d'arrêt. » Et l'on m'orienta vers le sous-sol. Je ne fus pas surpris. J'avais déjà été dans des grands magasins. Et je connaissais la disposition des lieux. Probablement, me dis-je, y avait-il des soldes sur les mandats d'arrêt. Et je pouvais en trouver un avec une réduction.

Au sous-sol, je me dirigeai vers le « comptoir » des mandats d'arrêt. C'était peut-être un bureau. La « vendeuse » à l'accueil était un flic. Étonnamment, il était presque poli. Il me demanda ce que je voulais.

« Je suis venu pour un mandat d'arrêt, l'informai-je.

– Très bien, dit-il. Voyons la plainte. Quelle est la partie que vous voulez voir arrêtée ?

– Je ne veux faire arrêter personne, commençai-je à expliquer.

– Mais alors, que diable voulez-vous ? demanda-t-il en me signifiant qu'il était de mauvaise humeur.

– Un mandat d'arrêt que vous êtes supposé avoir contre moi, déclarai-je.

– Voulez-vous dire que vous êtes venu pour vous y soumettre ? s'enquit-il, stupéfait. Que vous voulez vous constituer prisonnier ?

– Eh bien, quelque chose comme cela, » admis-je. « À quoi bon vous mettre dans tous les états pour me chercher, alors qu'il est tout aussi facile pour moi de venir ici ?

– Je ne connais rien de l'affaire, confessa-t-il, mais vous méritez certainement d'être félicité pour votre attitude. Voyons, comment vous appelez-vous ?

– Charles Ponzi, répondis-je.

– Comment épelez-vous le nom de famille ? demanda-t-il.

– P-o-n-z-i », lui épelai-je.

Il vérifia dans un grand livre, le registre, jusqu'à ce qu'il arrive à l'entrée correspondante. Puis il m'informa qu'il n'y avait pas de mandat d'arrêt.

« On nous a demandé de vous surveiller, dit-il, et le fait que vous soyez venu, spontanément, est un bon point en votre faveur. Cela vous gêne-t-il de rester dans le coin jusqu'à ce que je retrouve l'inspecteur chargé de l'affaire ?

– Non ; allez-y », dis-je d'un ton léger. Sachant qu'il n'y avait pas de mandat d'arrêt, je me sentais plus léger.

Au bout de quelques minutes, on m'introduisit auprès d'un inspecteur. Accompagné d'un certain Joseph Merenda. J'ai oublié à quel titre il était là, lui. Probablement comme interprète. Mais on n'en avait pas besoin. Nous nous dirigeâmes tous les trois vers un bureau et nous prîmes un siège. Il apparut que les services de police avaient entendu parler du trafic à 50 pour cent. Et qu'ils étaient intéressés. Pas étonnant.

L'inspecteur n'était pas très sûr de ses connaissances en matière postale. Et de change de devises. À lui aussi il fallut expliquer que l'Union Postale Universelle n'était pas une institution « locale. » Comme l'équipe des Hod Carriers. Et que les coupons n'étaient pas des coupures de Liberty Bonds. Mais je le trouvai plein de préjugés contre les changes de devises étrangères. Tout simplement parce qu'elles étaient « étrangères ». Il ne pouvait pas faire entrer dans sa caboche la raison pour laquelle cela n'avait pas été compris dans les clauses d'exclusion des lois sur l'immigration. Dix ans plus tard, moi non plus. Cela arrive dans certains cas, alors que l'encre n'est pas encore sèche.

Tout bien considéré, l'inspecteur était favorablement impressionné par le schéma général de mon plan. Il le déclara légitime (sous réserve de corroboration ultérieure par les autorités postales.) Sur de nombreux points, il lui apparaissait aussi clair que de la boue. Mais sur tous les autres aspects qu'il ne comprenait pas, il était à fond d'accord avec moi.

Entre temps, depuis le 1er janvier, mon vendeur s'était fait plus rare que les Orangistes un jour de Saint Patrick à South Boston. Il se tint loin de moi. Il ne m'avait envoyé aucun investisseur. Il ne m'avait même pas donné signe de vie.

Maintenant, je sais qu'il m'évitait. Et pour quelle raison. Après avoir poussé quelques amis à investir, il se dit qu'il serait peut-être sage de rester à l'écart jusqu'à ce que les paiements se matérialisent. Si ce n'était pas le cas, il repartirait sur un meilleur pied. Je ne peux pas lui en vouloir pour avoir pris quelques longueurs d'avance, en cas de course à l'échalote.

En fait, je n'étais pas entièrement à l'aise moi-même. J'avais donné l'argent pour acheter des coupons à un ami[1] qui travaillait à bord d'un paquebot transatlantique. Je ne craignais pas d'acte de malhonnêteté de sa part. Mais j'avais peur qu'il lui arrive quelque chose. Il aurait pu tomber malade. Il aurait pu tomber par-dessus bord. Ou avoir un accident. Il y aurait eu deux victimes : lui et moi.

Les jours passant, le suspense grandit. Jusqu'à ce que je le voie surgir sans crier gare dans la première semaine de février. L'histoire qu'il me raconta était gratifiante. On pouvait trouver

1. Lionello Sarti. Les plaignants ultérieurs douteraient de son existence. Voir « Coakley on Stand. », The Boston Daily Globe, 28 novembre 1922.

des coupons partout. Même le plus petit bureau de poste en avait une provision raisonnable. Avec un préavis suffisant, on pouvait s'en procurer en plus grandes quantités. Avec la coopération des autorités. En distribuant à bon escient de petites gratifications. Quelle musique aurait été plus douce à mes oreilles ?

Avec enthousiasme, je me mis à effectuer mes premiers paiements. Chaque billet acquitté me donnait autant d'émotion qu'à une lycéenne son premier baiser. Il n'était pas gênant que chacun de mes investisseurs retire son argent. Je savais qu'ils reviendraient, ou qu'ils enverraient leurs amis. Que se passa-t-il ? Naturellement, ils arrivèrent. Ils commencèrent à apparaître au bout d'une semaine ou deux. Et jusqu'à la fin du mois, ils laissèrent exactement 5 290 dollars pour un nouveau tour de roue. Et je la fis tourner pour eux.

## M. Ponzi réfute la théorie selon laquelle il ne peut y avoir de profit sans perte correspondante

Mes recettes avaient atteint 1 000 dollars par jour. Mon ami était reparti pour l'Europe. Et tout marchait comme sur des roulettes. Alors quelqu'un lança une clef anglaise dans le mécanisme.

Les ennuis commencèrent dans le North End. J'avais donné quelques coupons à un client potentiel italien. Et lui conseillai d'essayer de les faire accepter au bureau de poste. C'étaient des coupons des États-Unis. Il les emporta à la sous-station au coin de Hanover et de North Bennett Streets. Les présenta pour les échanger. Le guichetier refusa de les accepter. L'Italien revint me voir, convaincu que j'essayais de l'escroquer.

Il fallait réagir. Pas faire de la diplomatie. Ma réputation était en jeu. Je ne pouvais pas me permettre de ne pas relever l'incident. Donc je décrochai mon téléphone et appelai le receveur en présence de mon client. Comme je parlais principalement pour le bénéfice de celui-ci, j'usai d'autorité. Plus que de prévenance.

L'argument du receveur était qu'un coupon-réponse délivré aux États-Unis ne pouvait être remboursé que dans un pays étranger. Mon argument était que, quel que fût son pays de délivrance, un coupon pouvait être remboursé dans un bureau de poste de n'importe quel pays appartenant à l'Union Postale Universelle. Y compris celui qui l'avait délivré. Seul un communiqué d'un très haut collaborateur du Receveur Général aurait pu convaincre cet homme. Notre conversation ne régla pas la question. Mais l'Italien fut convaincu que je devais avoir raison. Sinon, je n'aurais pas parlé comme je l'avais fait.

L'incident ne s'était pas terminé lorsque j'avais reposé l'appareil. Je le chassai de mon esprit. Mais le receveur, non. Il le signala à ses supérieurs. Et je reçus un appel inattendu.

J'étais dans mon bureau privé, à parler avec un client potentiel, lorsque l'appel me parvint. Mon oncle Dondero et ma femme étaient dans l'antichambre, attendant que j'en aie fini. Le piétinement de « pieds plats » m'avertit de l'approche de mes visiteurs. Je ne sais pas s'ils pénétrèrent dans l'antichambre les pouces dans l'emmanchure de leur gilet, afin d'exhiber leur plaque. Probable. Je ne les voyais pas depuis mon siège. Mais je les entendis.

« Nous voulons voir M. Ponzi », dit l'un d'entre eux d'un ton arrogant.

Le visage de mon oncle, blême de peur, apparut à la porte de mon bureau privé. Le pauvre homme était raide de frayeur. Il me dit, en italien, qu'il y avait trois inspecteurs qui voulaient me voir. Il n'aurait pas pu être plus terrifié que s'il avait annoncé le Père, le Fils et le Saint Esprit.

« Dites-leur d'attendre. J'ai à faire avec ce Monsieur. Je les ferai entrer lorsque j'aurai fini. »

Mon oncle me lança un regard stupéfait. Il ne pouvait admettre l'effronterie qui consistait à dire à un policier d'attendre. Il était tellement obéissant aux autorités qu'il considérait un flic comme si ç'avait été Frédéric II de Prusse en majesté.

Le fait est que je n'avais pas vraiment l'intention de me montrer dédaigneux. Mais je connaissais les flics. Être bourrus, c'est leur seconde nature. Ils aiment affirmer leur autorité. Leur méthode favorite est de commencer par essayer l'intimidation. S'ils peuvent s'en tirer de cette façon. Faute de quoi, ils font retraite et essaient la subtilité.

Je fis attendre les policiers pendant plusieurs minutes. Je le fis pour rassembler mes idées, plus que pour autre chose. Je savais que l'entretien qui allait suivre ferait appel à toutes les ressources de mon esprit. Et je voulais y être préparé.

J'escortai mon visiteur jusqu'à la porte quand il partit. Dès qu'il eut quitté la pièce, je me tournai vers les trois policiers et leur demandai qui ils étaient. Et ce qu'ils voulaient. Les questions n'étaient pas réellement nécessaires. L'un d'entre eux était l'inspecteur que j'avais rencontré auparavant. Il parla pour les autres.

« Je suis inspecteur de police, dit-il. Nous sommes venus vous poser des questions.

– Oh, je vois, remarquai-je. Vous me rendez une visite officielle. Dans ce cas, montrez-moi votre mandat.

– Nous n'avons pas de mandat, s'interposa l'inspecteur des postes. Nous ne sommes pas venus vous arrêter. Simplement vous poser quelques questions.

– Dans ce cas, observai-je, vous devez être conscients de ce que vous êtes ici entièrement selon mon bon vouloir. Je n'ai à répondre à aucune de vos questions, sauf si je le veux bien.

– Mais vous ne refuserez pas de répondre à nos questions ? demanda-t-il.

– Tiens donc ! Mais si, certainement, l'informai-je. Vous ne pouvez pas prendre des manières de propriétaire dans mon bureau et vous en tirer comme ça. Vous pouvez me mettre en garde à vue. Avec un mandat officiel. Et je ne résisterai pas à ça. Mais, à défaut, j'ai le droit de m'opposer à votre présence ici. »

L'inspecteur des postes dut se rendre compte qu'il n'était pas possible de m'intimider de cette façon. Il changea de tactique. Il reconnut mes droits sur ce point. Mais suggéra qu'une brève conférence, dans un esprit amical, pourrait se révéler plus avantageuse pour tout le monde. Je l'admis. Et je les invitai à me suivre dans mon bureau.

La conversation s'ouvrit comme une passe d'escrime. Avec une série de feintes et de parades. Apparemment, l'inspecteur voulait entendre ma version de la discussion avec le receveur des postes de la sous-station de Hanover Street. En fait, ils s'en fichaient complètement. Ce qu'ils cherchaient, c'était des preuves de fraude dans mes activités signalées sur les coupons. Mais j'étais sur mes gardes. Et je refusai d'avouer quoi que ce soit.

« Je crois que nous perdons beaucoup de temps précieux, insistai-je. Ce rapport du receveur des postes sur une conversation supposée avec moi ne prouve pas que la conversation elle-même a bien eu lieu. Si elle a eu lieu et si vous avez des raisons de croire qu'elle constituait une violation de la loi de ma part, montrez-moi vos accusations et la question sera soulevée au tribunal. Mais il est extrêmement naïf de votre part de venir me demander une déclaration que vous espérez utiliser contre moi.

– Nous n'envisageons pas de vous attaquer en justice, M. Ponzi, répondit l'inspecteur des postes. Mais nous nous intéressons à certaines des choses que vous avez dites à ce receveur des postes.

– Un moment, inspecteur, interrompis-je. Vous voulez dire que vous vous intéressez à certaines des déclarations que « m'attribue » ce receveur. Il n'y a aucune preuve que je lui aie jamais dit quoi que ce soit.

– Oh, d'accord, concéda-t-il en haussant les épaules, comme vous voudrez. Je suppose que vous n'admettrez pas connaître quoi que ce soit des coupons-réponse internationaux non plus ?

– Là encore, vous avez tort, inspecteur, dis-je. Je n'ai pas d'objection à vous exposer le peu que je sais sur les coupons. Si cela peut vous aider. »

Et d'un seul coup nous nous lançâmes dans une discussion poussée sur ce sujet particulier. Nous l'analysâmes sous tous les angles. Et finîmes par tomber d'accord sur le fait qu'une spéculation profitable sur les coupons était possible. Cependant l'inspecteur pensait qu'on ne pouvait ni acheter, ni se faire rembourser un grand nombre de coupons.

« Je diffère avec vous, monsieur l'inspecteur, dis-je. Vous savez qu'il n'y a pas de limite au nombre de timbres qu'une personne peut acheter à l'État. Eh bien, alors », poursuivis-je après qu'il fût tombé d'accord avec moi sur ce point, « connaissez-vous une bonne raison pour laquelle une personne ne pourrait pas acheter un nombre quelconque de coupons ? »

Il n'en connaissait aucune raison. Il ne savait pas non plus pourquoi l'on ne pourrait pas s'en faire rembourser une quantité quelconque, s'il était possible.

« Il pourrait s'agir de contrefaçons, suggéra-t-il.

– Nous ne parlons pas de ce type de coupons, inspecteur, remarquai-je. Nous parlons de coupons qui sont authentiques au-delà de tout doute possible.

– Bon, insista-t-il, le gouvernement peut refuser de les rembourser.

– Non, déclarai-je. Le gouvernement ne peut pas faire cela. Pas tant qu'il adhère au traité postal international.

– Je ne connais rien au droit international, avoua-t-il.

– Moi non plus, dis-je, mais j'utilise mon bon sens et je tire mes propres conclusions.

– Vous semblez en savoir beaucoup plus que je ne croyais tout d'abord, lâcha-t-il.

– Allons, ne me faites pas rougir, inspecteur, plaidai-je. En réalité, je n'en sais pas assez pour échapper à la pluie. »

L'inspecteur ne se considéra pas encore comme battu. Il soutint que si une spéculation sur les coupons aboutissait à un profit pour quelqu'un, elle devait résulter en une perte pour quelqu'un d'autre.

« Si c'est le cas, j'ai été incapable de découvrir qui est le perdant, lui dis-je. En fait, j'incline à penser que tout le monde réalise un profit.

– C'est absurde ! soutient l'inspecteur.

– Autant qu'une girafe, répliquai-je, impertinent à ma façon.

– Vous vous rappelez l'histoire du vieux plouc qui n'en avait jamais vu une ? Lorsqu'on lui en montra une, il dit "ça n'existe pas, une telle bestiole !" Et maintenant, inspecteur, sauf votre respect, je vais vous montrer une girafe. »

Je lui expliquai la chose de la manière suivante : « Supposons, dis-je, que la France ait besoin de quinze millions de francs en dollars. J'emprunte dans ce pays un million de dollars à 50 % d'intérêt, comme je le fais maintenant à petite échelle. Le million de dollars, au taux de change actuel, est égal à quinze millions de francs. J'envoie une traite à cet effet au gouvernement français, étant entendu que la France me délivrera 50 000 000 de coupons-réponse internationaux. La France peut obtenir les coupons auprès de l'Union Postale Universelle en compte ouvert. Dès que je reçois les coupons, je les échange ici contre des timbres. Puis je vends les timbres avec une ristourne de 10 %. Supposons que je paie également une commission de 10 % aux agents qui ont contribué à obtenir pour moi un million de dollars auprès du public. La transaction, pour ce qui me concerne, présenterait le solde suivant :

Encaisse de la vente de 50 000 000 en timbres à 5c des États-Unis

| | |
|---|---|
| (moins 10 % de ristourne). - | $2 250 000,00 |
| Principal dû aux détenteurs de billets. - | $1 000 000,00 |
| 50 % d'intérêt. - | 500 000,00 |
| 10 % de commission aux agents. - | 100 000,00 |
| Marge brute pour moi-même. - | 650 000,00 |
| | $2 250 000,00 |

« D'un autre côté, le Grand Livre de l'Union Postale Universelle montrerait les États-Unis en position créditrice à hauteur de $ 2 500 000 et l'État français débiteur pour un montant de $ 3 000 000. Pourquoi trois millions de dollars ? Parce que les coupons coûtent à l'État français 15 000 000 de francs payables en or, à leur parité or de 5 francs pour un dollar. Quoi qu'ils ne m'aient coûté qu'un million de dollars, au taux de change actuel de 15 francs pour un dollar. La différence entre ce que la France doit payer et ce que les États-Unis peuvent encaisser représente les charges de l'Union Postale Universelle pour le service rendu.

« Je vais maintenant supposer que la France est appelée à régler cette dette. Comme elle n'a reçu qu'un million de dollars et qu'elle en doit trois millions, elle fait face à une perte de $ 2 000 000. La perte ne peut être évitée tant que la France reste dans un rapport de 15 par rapport au dollar. Mais si ce rapport venait à diminuer, la perte baisserait en proportion. Elle disparaîtrait entièrement si, et quand, le franc se vendait à sa parité or de 5 pour un dollar. Cependant, en règle générale, les devises qui ont subi une dépréciation ont besoin de quelques années pour se rétablir.

« La France ne peut différer le règlement avec l'Union Postale Universelle. Elle doit payer. Et la meilleure manière de le financer est d'émettre des obligations. Une émission de $ 3 000 000 d'obligations à échéance de vingt ans à 3 %, payables en dollars. Les frais financiers pour les obligations s'élèveront à $ 1 800 000 en vingt ans.

« Mais il faut se rappeler que la France dispose déjà de 15 000 000 de francs tirés de la vente des coupons à ma personne. Ces 15 000 000 de francs, si l'État français les prête à des entreprises recouvrables, privées ou publiques, pendant une période de vingt ans, et à un intérêt annuel de 5 %, représenteraient au bout de vingt ans un montant de 30 000 000 de francs, équivalant alors à 6 000 000 de dollars. Ce qui serait suffisant pour retirer l'émission, avec des charges d'intérêt de $ 1 800 000, et, en outre, laisser un profit de $ 1 200 000 pour l'État français.

« Comme vous le voyez, le public investit un million et réalise un profit de 500 000 dollars en six semaines. Mes agents consacrent leur temps et déploient leurs services, et gagnent 100 000 dollars. L'Union Postale Universelle recueille 500 000 dollars supplémentaires pour ses services. La Poste des États-Unis vend pour 2 500 000 dollars de timbres et, vraisemblablement, réalise un profit. Les firmes ou individus qui m'achètent les timbres avec une ristourne, se partagent un profit de $ 250 000. La France réalise un profit de $ 1 200 000. Les détenteurs d'obligations françaises récoltent encore $ 1 800 000. Les entreprises lancées avec 15 000 000 de francs prêtés par l'État français dégagent vraisemblablement un profit. Non seulement cela, mais elles fournissent du travail à un certain nombre de personnes, qui gagnent également leur vie. Dernier point, qui n'est pas le moindre, j'y gagne environ $ 65 000. Si vous pouvez me montrer où l'ensemble de la transaction aboutit à une perte pour qui que ce soit, j'achète un Stetson à chacun de vous. »

L'inspecteur était sidéré. Il ne s'était pas préparé à contester mes chiffres. Mais il était mauvais perdant.

« Dois-je supposer, M. Ponzi, demanda-t-il, que vous êtes le représentant officieux dans notre pays d'un gouvernement étranger ?

– Non, monsieur l'inspecteur, répliquai-je avec amusement. Ponzi ne représente personne d'autre que lui-même. Et n'oubliez pas que nous n'avons parlé que de théories, et non de faits. »

L'entretien terminé, mes visiteurs s'en allèrent plus marris qu'ils n'étaient entrés. Personnellement, je pouvais me féliciter. J'avais gagné la troisième manche avec à peine une égratignure. Je me sentais généreux et exultant. Je me tournai vers ma petite femme. Elle était pitoyablement bouleversée. Pour elle, l'entretien avait été une terrible épreuve.

« Ne t'inquiète pas, ma chérie, lui dis-je. Déride-toi et donne-nous un petit sourire. Il n'y a plus de raison d'être inquiète. Oublions cette affaire et détendons-nous. Nous allons faire un bon souper quelque part, tous les deux, et nous amuser comme des enfants. »

# M. Ponzi estime que, si le jeu est un péché, il vaut mieux avoir l'Église de son côté

L'homme moyen n'est jamais satisfait de ce qu'il a. Il ne se rend pas compte lorsqu'il est à l'aise. S'il a une chemise, il en veut deux. S'il est célibataire, il veut une femme. S'il est marié, il veut un harem. (J'espère que ma femme ne lira pas ça). Il cherche toujours à atteindre la lune et à monter dans l'espace. C'est ce que je fis.

Mes affaires étaient alors dans un état assez satisfaisant. Non, je ne dirais pas ça non plus. Elles allaient mal. Je me dirigeais vers la banqueroute avec la vitesse d'un boulet de canon. Mais je ne le savais pas. L'ignorance est une bénédiction.

Quoi qu'il en soit, elles n'allaient pas si mal, sauf qu'elles ne pouvaient être pires. J'avais beaucoup d'argent. Et, apparemment, la possibilité de mettre quelques sous de côté. Mais je manquais de jugeotte et de prudence. Je pensais que je pourrais avoir davantage. C'était à portée de la main. Je ne regardais pas au-delà. Ou bien, je ne voyais rien. Je devais être aveuglé par l'ambition et la vanité.

Boston marchait alors magnifiquement. Comme un petit tambour major. Les rentrées dépassaient les prévisions. C'était flatteur. Mais la flatterie devenait dangereuse. Elle me rendait vain et imprudent. Elle me faisait rêver de richesse, de pouvoir, de popularité, et de tout ce qu'on peut imaginer. Que nous sommes stupides, nous autres mortels !

Je décidai de me développer et d'ouvrir des succursales. Dans mon esprit, mon entreprise méritait certainement un plus grand développement, si jamais une affaire le justifiait. Je m'occupais du bien le plus essentiel de tous, l'argent. Le monde était mon marché. L'humanité tout entière ma clientèle.

Un facteur qui contribua à ma décision de me développer fut la présence insupportable dans mon bureau d'une vieille connaissance. Il était mon employé.

Apparemment nous étions amis. En fait j'étais en son pouvoir. Et c'était mon plus terrible ennemi. J'avais peur de lui. Non pas pour ce qu'il pouvait me faire, mais pour ce qu'il pouvait m'amener à lui faire. Oui. Il méritait pleinement « d'aller faire un tour. » Et, sans aucun doute, j'étais tenté de lui payer le billet pour le voyage.

Nous nous étions déjà rencontrés. Nous nous étions vus dans un passé que je ne pouvais évoquer avec orgueil ni plaisir. C'était en prison. Au Canada. Au pénitentiaire de St. Vincent de Paul. Où il purgeait une peine de trois ans.

Lorsque nous nous revîmes à Boston, quelques années plus tard, il me reconnut immédiatement. Moi aussi. Mais il avait l'avantage sur moi. J'étais rangé des affaires. Il était, lui, toujours malhonnête. Dans ces circonstances, je dus capituler. Et, plus tard, lui donner un emploi.

Toute l'histoire s'emmancha sans la moindre indication de chantage. Il était trop avisé pour s'abaisser à des menaces ouvertes, ou même voilées. Son intérêt amical pour mes affaires comportait un message plus clair que des mots. Il aurait été de la folie de ma part de lui donner une occasion de montrer son jeu. Cela aurait précipité une situation dont je n'aurais pu émerger victorieux. Je fis donc pour le mieux. Je jouai le philanthrope. Sauveur d'âmes perdues, je lui donnai des conseils et un travail. Une pension m'aurait mieux convenu. Mais ç'aurait été reconnaître ma peur.

Mon employé était un escroc par inclinaison et par activité. C'était l'un de ces voleurs qui rôdent, minables, sournois, dont les équivalents dans le règne animal sont les hyènes et les chacals. Il était homme à s'attaquer aux troncs des églises. À voler les ivrognes à la tire. À piquer tout ce qui n'était pas fixé au mur. À l'occasion, avec quelques complices, à jouer un tour à quelque étranger sans méfiance. Le truc de la substitution d'enveloppe ou de mouchoir.

Au moment où je lui offris un travail, il venait de retourner du New Jersey, où il avait escroqué un immigrant polonais. L'affaire s'était terminée par une sorte de boomerang financier. Tout avait bien été jusqu'au partage du butin. Qui lui avait donné, à lui et à ses complices, une crise cardiaque. Lorsqu'ils ouvrirent l'enveloppe supposée contenir la fortune de leur victime, ils trouvèrent des billets de banque en diverses devises – mais tout en marks allemands, en roubles russes et en couronnes autrichiennes ! L'ensemble ne valait pas 25 cents la tonne ! Alors que l'enveloppe qu'ils avaient refilée à leur victime contenait quelques authentiques billets d'un dollar.

Il était fou à lier. Dans l'atmosphère paisible de mon bureau privé, il jurait à tout va. Il maudissait la victime, la guerre, les Monnaies étrangères. Et tout ce qu'on pouvait maudire, sauf lui-même. Il était fauché, dégoûté et déprimé. Il était peut-être même sur le point de faire quelque demande irréfléchie. Mais je pris les devants. Je lui offris du travail et un modeste salaire. En enrobant l'offre de quelque conseil paternel portant sur les erreurs de ses façons de faire. L'offre bouleversa ses plans, quoi qu'ils aient été. Il accepta.

Son acceptation mit peut-être fin à ses problèmes. Mais elle ne fit que marquer les débuts des miens. Dès lors, je dus trouver des prétextes pour le maintenir éloigné du bureau autant que possible. La dernière chose que je voulais était un contact étroit avec lui. J'aurais plutôt, à tout moment, étreint un fil à haute tension.

Entre missions bidon et recherches futiles, je réussis, je ne sais comment, à maintenir son attention ailleurs qu'à School Street. Une fois, je l'envoyai même à New York pour m'acheter du cognac Hennessy « Trois Étoiles » à la Compagnie Générale Transatlantique (French Line). La « noble » expérience était en cours[1]. Ma cave était vide. Et je désirais follement cet alcool. Mais, quelle qu'ait été mon ardeur à me le procurer, mon désir le plus cher était qu'il se fasse prendre avec et qu'il se fasse coffrer. Mais je n'eus pas cette chance ! J'allai jusqu'à lui acheter une voiture. En espérant qu'il se casse le cou. Cela n'arriva pas. Mais il cassa de la ferraille de temps à autre. Et je réglai la note. Cet homme-là était endurant comme le péché !

Il devint mon « agent éclaireur » par la force des circonstances. Je ne voulais pas le voir autour de moi. Il fallait que je l'expédie quelque part. Plus loin il allait, plus longtemps il y restait, plus j'appréciais. Je l'employai donc à ouvrir des succursales.

Les gens ont souvent fait des commentaires sur l'aspect miteux de mes bureaux. Se sont étonnés de l'absence d'étalage. Du total manque de prétention. Certains ont soutenu qu'il y avait une méthode dans ma folie. D'autres ont attribué cet aspect modeste à une super-technique de vente. À un sens affiné de la psychologie. Mais ils étaient tous à côté de la plaque. La raison principale, c'était lui.

Je n'avais pas besoin de succursales. Je n'en voulais pas, et je voulais encore moins de lui. Comme les succursales me fournissaient un bon prétexte pour le maintenir au loin, il

---

1. Ponzi se réfère à la Prohibition. Même alors, les joueurs préféraient Hennessy.

me fallait les succursales. Mais je n'avais pas envie de payer le prétexte plus que nécessaire, d'où l'aspect miteux. En un mot comme en cent, c'était tout.

À propos, et sans que je l'aie voulu, toutes mes succursales se révélèrent être des « puits éruptifs », comme disent les pétroliers. C'est leur aspect miteux qui contribua à leur succès. Du point de vue psychologique, leur aspect modeste était un trait de génie. Mais je n'en revendique pas la paternité. Je n'y avais jamais pensé de ce point de vue. Cela se trouva comme ça. Comme tout le reste.

Mes méthodes, évidemment, firent voir rouge à State Street. Certains « flibustiers » de la finance sont encore furieux aujourd'hui à la pensée que je leur avais coupé l'herbe sous le pied. Avec tous les millions qu'ils avaient investi dans l'arnaque sur les chèques[1], il leur fallait jouer les seconds rôles à côté d'un fichu Rital qui se servait de clous à deux balles comme porte-manteaux !

Certaines de mes succursales furent des échecs dès le début. D'autres durent être secourues. Du point de vue financier, je me moquais qu'elles me rapportent ou non. Mais pour ce qui était de mon amour-propre, je ne pouvais pas supporter de défaite. Si une succursale était récalcitrante, c'était mon rôle de venir à son aide.

Les ennuis me tombèrent dessus un jour pour me dire qu'il m'avait dégotté une telle cata. La localité exacte n'a pas d'importance. C'était une agglomération assez grande. À portée de la « Grosse Bertha » du Boston Common. Débrouillez-vous pour trouver, si vous le pouvez !

Nous y avions ouvert une succursale. Tout le monde, dans le voisinage, le savait. Mais personne n'en approchait, et mon

1. « Paper Hanging » Type d'escroquerie où un chèque sans provision est déposé et tiré avant que la banque ne puisse détecter la fraude.

employé ne savait plus que faire. J'y fis donc un tour avec lui pour voir ce qui se passait.

Je donnai quelques coups de téléphone et découvris rapidement d'où venait le problème. Rien de grave. Simplement une variante du « jeu du blaireau », avec chantage. Le « Big Business », sous la forme de quelques commerçants, voulait s'infiltrer sur le marché. Ces gens avaient décidé que si ma proposition était un racket, il fallait payer une protection. Ces commerçants étaient Génois. Et nous avons un proverbe en Italie qui dit qu'il faut sept Gentils pour l'emporter sur un Juif et sept Juifs pour l'emporter sur un Génois. La cote était donc de 49 contre 1 en ma défaveur, et c'est ce qu'il me fallait affronter. Je le fis. Je les nommai tous sous-agents avec une commission de 5 %. Comme ils voulaient avoir un doigt dans le gâteau, je m'assurai qu'ils y étaient plongés jusqu'aux articulations. La transaction ne me coûta pas dix cents.

Mon vendeur et moi finîmes la journée par une visite de courtoisie. J'avais la gorge sèche à force de parler. Plus sèche que dans un conclave méthodiste.

« Allons boire un soda, suggéra-t-il.

– Pas question, répondis-je en secouant la tête. J'ai trop de respect pour mon palais.

– Allez vous chercher un verre d'eau quelque part, alors, dit-il.

– De l'eau ? répétai-je horrifié. Non. Pas ça. J'en vois souvent le samedi soir. Je veux de la bière.

– Allez à Milwaukee, lança-t-il en manière de plaisanterie. C'est l'endroit le plus proche que je connaisse.

– Va au diable ! Veux-tu dire que tu es dans cette ville depuis un mois entier, et que tu n'y as encore jamais vu de bistrot borgne[1] ? lui demandai-je.

---

1. « blind pig » Pendant la Prohibition, un tripot qui faisait payer un droit d'entrée pour voir une nouveauté, comme un animal, tout en offrant des boissons alcooliques »gratuites ».

– Eh bien, déclara-t-il, je n'en ai pas vu d'aveugles, si vous voulez savoir.

– Qu'est-ce que tu as bu pendant tout ce temps ? m'enquis-je.

– Du café, dit-il.

– Ah, oui ? ricanai-je. Tu as bien l'air d'un buveur de café. D'ailleurs je ne te croirais pas, même si tu étais sous serment. Tu me caches quelque chose.

– Je ne cache rien. Le seul verre de vin que j'aie goûté ici, je l'ai eu au presbytère.

– Tu veux dire que c'est le curé qui te l'a offert ?

– Eh bien, oui, avoua-t-il. Qui d'autre habite au presbytère ? Un rabbin ?

– Écoute, mon garçon, lui dis-je. Si tu sais ce qui est bon pour toi, présente-le moi. Qui est-il, de toute façon ?

– C'est le Père Untel », répliqua-t-il, mentionnant un nom que j'associai immédiatement à mon enfance.

Nous rendîmes visite au presbytère. On nous fit entrer sans difficulté. En fait, on nous reçut les bras ouverts. Nous ne nous étions jamais rencontrés, le prêtre et moi. Mais un échange de vues sur nos familles respectives fit apparaître que nous étions presque apparentés. Dès lors, nous nous entendîmes parfaitement. Une bouteille de vin fin fit son apparition pour célébrer l'événement.

Au cours de la conversation, il devint évident que le Père X – (appelons-le comme ça) était intéressé par ma proposition. Même un prêtre n'est pas au-dessus de la tentation. En tous cas, pas lui. Il me pressa pour lui donner des détails, et je les lui donnai. Je décrivis pour lui le processus par lequel un petit dollar pouvait se lancer dans un voyage à travers l'océan et retourner à la maison en six semaines, marié et avec deux enfants.

Le Père X était un homme instruit. Ce qui était du chinois pour d'autres était la simplicité même pour lui. En fait, il me devançait même dans mes raisonnements. Il me coupa le souffle avec une remarque inattendue.

« Cela ferait exactement 1 350 dollars en trois mois, dit-il brusquement.

– Ferait quoi ? demandai-je, inconscient du fait qu'il avait fait un calcul mental de son côté.

– Treize cent cinquante dollars », répéta-t-il.

Sur le coup, je ne vis pas la raison de sa remarque. Je ne savais pas où il voulait en venir. Je le regardai. Il avait l'air parfaitement normal.

« Attendez une minute, mon Père, insistai-je. Vous semblez dépasser toutes les limites de vitesse. Où en êtes-vous ?

– Je suis à environ un kilomètre devant vous, répliqua-t-il avec un sourire. J'ai pensé qu'avec un investissement initial de 600 dollars je pouvais faire un bénéfice de 750 dollars en trois mois. »

Je faillis avaler ma pomme d'Adam quand j'entendis ça.

« Vous, vous voulez dire que vous voulez investir de l'argent chez moi ? », lui demandai-je, refusant toujours de croire mes propres oreilles. Un discret coup de pied dans les tibias de la part de mon pénible employé ne suffit même pas à me ramener sur terre.

« Y a-t-il une raison quelconque pour laquelle je ne devrais pas investir chez vous ? demanda le Père X, d'un ton légèrement moqueur, tandis que je luttais encore pour restaurer mon équilibre.

– Non, aucune, du tout, l'assurai-je promptement. Nous avons des investisseurs dans tous les domaines de la vie. »

La suite de la conversation révéla le fait que le Père X n'avait aucune somme disponible. Mais son église avait un petit capital de 600 dollars. Les fonds avaient été recueillis pour des peintures et des réparations. Ils devaient ne pas être utilisés avant trois ou quatre mois. Donc, raisonnait le Père X, pourquoi les laisser dormir, alors que Ponzi était là pour reproduire le miracle de la multiplication des poissons et des pains ?

« Vous comprenez que je ne puis pas me permettre de risquer cet argent, me dit le Père X. Je ne peux l'investir que dans quelque chose de sûr.

– Naturellement, opinai-je.

– Mais ce n'est pas tout, continua-t-il. Supposez que j'aie besoin de cet argent avant l'échéance du billet, que pourriez-vous faire pour moi ?

– Je vous rembourserais la totalité du principal lors de la présentation du billet à n'importe lequel de mes bureaux ou dans une banque, l'assurai-je. C'est l'accord que j'ai passé avec tous mes détenteurs de billets. »

Mon assurance se révéla convaincante. Le Père X me tendit les 600 dollars. Personne ne peut le lui reprocher. La tentation était trop forte, même pour un ecclésiastique. *Errare humanum est*[1] *!*

Qu'arriva-t-il à cet argent ? Je n'en sais rien. Peut-être s'était-il multiplié ! Peut-être avait-il diminué ! Qu'est-ce que cela peut faire aujourd'hui ? Tôt ou tard, l'église fut réparée et repeinte de toute façon. S'il fallait attendre, elle pouvait attendre. D'ailleurs, le Père X et moi sommes toujours bons amis. Amen.

1. Expression latine signifiant « Errer est humain ».

# M. Ponzi se met en tête de mettre de l'ordre dans quelques banques sans poudre à récurer

Il y a des années, et même maintenant, la manière la plus sûre de me toucher était de blesser ce que j'appelle ma dignité. Je ne suis pas prétentieux. Je ne rejetais pas non plus la familiarité. De bon aloi. Mais lorsque quelqu'un essaie de se donner des airs et de me faire croire que je suis un moins que rien, je me déchaîne.

Se déchaîner ne signifie pas nécessairement causer des ennuis. Ce n'est pas mon genre. Pas trop. À part planter un bâton dans un nid de frelons de temps en temps, je ne suis pas réellement méchant. Mais j'ai la langue en forme de dard d'abeille. Elle peut piquer dans la vengeance. Lorsque je décoche un de mes traits, celui qui le reçoit sait qu'il a été touché.

Parler de dignité me rappelle la jeune femme qui avait été catapultée hors de sa selle par-dessus la tête du cheval. Elle était tombée dans un tas de vieux vêtements. Sautant sur ses pieds, elle se félicita de se retrouver indemne et inobservée.

« Dieu merci ! Ma dignité n'a pas souffert ! dit-elle en pensant tout haut, et avec soulagement.

– Je suppose que non, madame. Pas trop, remarqua un ouvrier agricole qui avait été témoin de la scène, caché derrière une meule de foin, mais vous avez bien déchiré votre fond de culotte ! »

Ma dignité fut considérablement froissée un jour lorsqu'une banque d'un petit bled insista pour que je fournisse des références avant d'accepter une ouverture de compte. Cela me rendit furieux. Tellement furieux que j'enrageais.

« *Messieurs,* leur écrivis-je, *j'ai bien noté votre demande de références et je la refuse par la présente. Il est clair que notre agent a mal compris ou négligé nos instructions lorsqu'il vous a offert notre dépôt. Nous ne traitons qu'avec des institutions importantes. Le montant de nos comptes est tel que nous nous faisons une loi de ne jamais confier notre argent à des banques dont les ressources totales, y compris immobilières, peuvent être rassemblées dans un sac de voyage et disparaître du jour au lendemain. Meilleurs sentiments.* »

Je finis par me calmer et me mis à réfléchir à ces références. J'en avais plus d'une douzaine de style décoratif. Mais aucune véritablement solide. Vous voyez ce que je veux dire.

Il est vrai que j'avais un solde substantiel à la Tremont Trust Company. Environ un demi-million. Mais c'était comme une bague à dix carats dans une vitrine de mont-de-piété. Cela manquait d'accompagnement.

Comme référence, la Tremont représentait un certain poids parmi les gens ordinaires. Avec les bonnes personnes. Mais elle avait très peu de prestige dans les milieux aristocratiques. Son président, Simon Swig, était juif et très méprisé par les rejetons des pèlerins du Mayflower.

C'était State Street contre Salem Street. Mélange impossible. Comme l'huile et l'eau. Et le pire était que Simon Swig marchait constamment dans les plates-bandes des Puritains. Et les forçait à faire bon visage. À cause de ses relations politiques étendues.

Mais, d'une certaine façon, Simon Swig était un peu snob lui-même. Il pensait qu'un juif était toujours meilleur qu'un rital. Je ne pouvais pas être d'accord avec lui. Pour moi, rien ne pouvait être mieux qu'un rital. Sauf deux ritals. Cependant, nous ne nous affrontions jamais sur des questions raciales. Mais d'après son attitude, il était évident que je lui étais indifférent au-delà du chiffre exact de mon solde bancaire. Quant à moi, je me moquais qu'il m'aime ou pas. Je n'attendais de lui qu'un service. Pas d'embrassades. De celles-ci, je n'eus aucune. Mais du premier, pas beaucoup non plus.

À chaque fois que je donnais le nom de la Tremont Trust Company comme référence à un investisseur dédaigneux, je lisais un message sur sa contenance : « Qui se ressemble s'assemble. » Et je grimaçais. Mais j'en eus assez de grimacer. Je commençai donc à chercher des relations plus flatteuses.

Or il y avait, par exemple, l'une des vieilles banques aristocratiques en ville. Institution très fermée. Sorte de demi-sœur d'une institution similaire, l'une et l'autre très anciennes. Considérables. Mais aussi très rapaces. Avec une part dans toutes les activités de l'État. Elles dominaient les affaires comme la politique.

Je commençai à jeter des regards d'envie dans sa direction. Mais j'ai toujours eu l'habitude de faire une cour très impulsive et soudaine. La fortune sourit aux audacieux. N'avais-je pas épousé une femme extraordinaire ? Donc, un jour, je glissai vingt-cinq billets de mille dollars dans ma poche. Et m'en allai voir la Vieille Dame afin de gagner ses faveurs. Elle avait la réputation d'être très distante avec les inconnus. Mais je découvris qu'elle était une vraie « coquette » avec les aspirants au statut de déposants.

Un vice-président impeccable, immaculé et manucuré, avec une fine moustache poil-de-chameau, m'observa hésitant dans la salle.

« On s'occupe de vous ? demanda-t-il d'une voix traînante, avec l'accent d'Oxford.

– Pas encore, répondis-je.

– Puis-je faire quelque chose pour vous, Monsieur ? offrit-il.

– Je pense. Je voulais simplement ouvrir un compte, expliquai-je.

– Je serais heureux de m'occuper de vous, M. ... Euh, euh... Je ne crois pas que je connaisse votre nom, dit-il.

– Mon nom est Charles Ponzi », répondis-je en lui tendant ma carte.

Il l'examina un instant, cherchant à relier le nom avec une histoire ancienne ou un succès récent. Sans résultat. Il me considéra donc comme insignifiant.

« Quel genre de compte souhaitez-vous ouvrir, M. Ponzi ? s'enquit-il. Compte épargne ou compte chèque ?

– Compte chèque, répondis-je.

– Compte professionnel ? demanda-t-il.

– Non. Simplement un petit compte personnel », répliquai-je.

Au mot « petit », il fit une pause et réfléchit. Je continuais de tirer des bouffées sur ma cigarette. Il tapotait nerveusement sur son bureau avec un crayon.

« Je vais être franc avec vous, M. Ponzi, déclara-t-il, notre banque a pour politique de n'accepter que les comptes de quelque importance. Nous cherchons à donner le meilleur service. Nous entretenons une organisation coûteuse. C'est pourquoi nous demandons que les comptes chèque présentent un solde substantiel. Êtes-vous prêt à répondre à nos exigences ?

– Je l'espère sincèrement, répliquai-je. À propos, qu'est-ce pour vous qu'un solde substantiel ?

– Deux ou trois cent dollars et plus, dit-il.

– Oh, c'est tout à fait raisonnable, admis-je. Vous m'avez presque effrayé. Vous pouvez m'inscrire pour un dépôt initial de vingt-cinq ?

– Fois cent ? demanda-t-il.

– Non. Vingt-cinq mille, répliquai-je.

– Vingt-cinq mille, répéta-t-il. Mais – il me semblait que vous aviez dit que vous vouliez ouvrir un petit compte personnel ?

– C'est cela, confirmai-je. Ce doit être le plus petit de mes comptes bancaires.

– Avez-vous des objections à nous communiquer le nom de vos autres banques ? s'enquit-il.

Je n'avais pas d'objections. J'en nommai quelques unes. Il prit mon dépôt et me laissa un moment. Apparemment, pour aller chercher un livret. En fait, pour procéder à des vérifications me concernant. Lorsqu'il revint, je savais qu'il avait donné des coups de téléphone. Il était tout sourires et attentions. Il avait certainement appelé la Tremont Trust, entre autres, et appris que j'y avais un solde d'un demi-million de dollars.

« Voici votre livret, M. Ponzi, dit-il. Voudriez-vous avoir un chéquier avec votre nom spécialement imprimé ? Nous serons heureux de vous en envoyer un. S'il y a quoi que ce soit que nous puissions faire pour vous, merci de nous le faire savoir. »

S'il s'était trouvé là un balai-brosse, cet homme aurait épousseté mes vêtements ! Ce qui signifie que l'argent est encore la meilleure lettre de créance.

La question des références réglée à ma satisfaction, je commençai à chercher quelque chose pour occuper mon esprit. Comme si amasser de l'argent du matin au soir n'était pas un métier. Eh bien, ce n'en était pas un. Il était devenu monotone de regarder mes employés remplir les corbeilles avec des billets verts, une fois les tiroirs-caisses pleins. L'argent lui-même ne signifiait rien pour moi. Ce que je voulais, c'était éprouver son pouvoir. En tirer le frisson attaché à la réalisation de choses réputées impossibles.

Je décidai d'acheter des banques. C'était la chose logique à faire pour moi. J'avais des comptes dans un certain nombre d'entre elles. Dans toute la Nouvelle-Angleterre et à l'étranger. Et ces comptes profitaient sûrement à d'autres. Dégageaient des dividendes pour d'autres. Alors, pourquoi ne pas en tirer profit pour moi-même en en achetant une ?

Mon premier choix tomba sur la Hanover Trust Company. Non pas qu'elle fût meilleure que les autres. Mais parce que j'avais un compte à régler avec son président. Je me disais qu'il y avait une bonne chance de faire d'une pierre deux coups.

Ce n'était pas la diplomatie qu'il fallait employer pour s'emparer de la Hanover. Et l'on ne pouvait le faire qu'à un prix que je n'avais pas l'intention de payer. Les titres ne valaient pas davantage que leur valeur de marché de 125 dollars par action. Et peut-être même pas. Il fallait donc procéder par ruse.

Tout d'abord, j'y investis pour soixante mille dollars. Je fis croître mon compte, jour après jour, jusqu'à 500 000 dollars ou plus. Sans y puiser. Je voulais créer l'impression qu'il s'agissait de ce qu'on appelle un compte « dormant ». Si bien que les responsables de la banque puissent se sentir garantis qu'il n'y aurait pas de retraits soudains et substantiels. Et par conséquent investir mon solde. Au lieu de le conserver liquide.

Dans le même temps, par l'intermédiaire de Charles Pizzi, employé de la banque, et d'autres, je commençai à acheter de petits paquets de titres de la Hanover Trust. Cent vingt cinq actions. En payant quelques dollars au-dessus du prix du marché. Mais, au lieu de me faire transférer ces titres sur les livres de la société, je me les fis simplement endosser par les actionnaires inscrits, dont je détenais également les procurations de vote.

L'étape suivante consista à organiser une réunion avec les actionnaires italiens de cette banque. Stabile, Locatelli, Badaracco, Di Pietro et un ou deux autres. Je leur dis que je voulais acquérir le contrôle de cette banque. Et me débarrasser de presque tous les cadres. Qu'ils avaient soutenus jusqu'alors. Les actionnaires italiens n'étaient pas à ce moment en mesure de s'opposer à moi. Il était plus avantageux pour eux d'être de mon côté plutôt que de l'autre. Nous conclumes un accord par lequel nous nous engagions à voter en bloc avec toutes nos actions sur n'importe quel problème. Selon ce que je déciderais à tel ou tel moment. Ceci me permit d'avoir la haute main sur au moins 600 actions supplémentaires.

Ce ne fut qu'alors que j'allai voir les responsables avec un atout dans ma manche. J'entrai nonchalamment dans la banque un jour, peu avant 15 heures. Et je pénétrai dans le bureau de la direction. On m'invita à m'asseoir, et on me demanda si l'on pouvait faire quelque chose pour moi.

« Oui. Je crois, dis-je. Je suis venu acheter un bloc d'actions dans la Hanover, avec un poste de directeur.

– Je pense que nous pouvons facilement vous faire de la place, dit l'un des responsables. Voudriez-vous acheter une centaine de parts ?

– Une centaine ne m'intéresserait pas du tout, répliquai-je. Je voudrais en acheter à peu près 2 500.

– Mais la capitalisation totale de la banque n'en commande que 2000, interrompit un autre.

– La capitalisation originelle, vous voulez dire, corrigeai-je. N'offrez-vous pas à la vente 2 000 parts de nouvelles actions ?

– Elles ne sont pas encore à la vente, dit un responsable, un peu surpris, peut-être que je fusse au courant de l'augmentation de capital projetée, mais nous sommes prêts à y procéder.

– Eh bien, pourquoi ne pas émettre la totalité à mon intention ? demandai-je.

– Nous ne pouvons pas faire cela car nous vous vendrions le contrôle de la banque, répliqua l'autre.

– C'est précisément ce que je veux, admis-je.

– Nous sommes désolés, » dit une voix, mais nous ne pouvons rien envisager de tel.

– Nous voulons bien vous nommer administrateur, ajouta l'autre.

– En quoi cela m'avantagerait-il ? demandai-je. Actionnaire minoritaire d'une société, ce n'est rien du tout.

– Croyez-vous que nous allons abandonner le contrôle que nous avons eu tant de peine à obtenir ? demanda le premier.

– Croyez-vous que je vais placer sous votre contrôle arbitraire ce que mes investisseurs m'ont confié ? rétorquai-je. Mes millions sont aussi importants pour moi que votre contrôle pour vous. Ma position financière m'habilite à ce que vous me confiiez le contrôle de la banque. »

Mes arguments ne les convainquaient pas. Ils étaient inflexibles dans leur détermination à garder le contrôle. Mais j'étais tout aussi déterminé à le leur arracher. Je jetai un regard à ma montre. Il était environ dix minutes avant la fermeture. C'était le moment de jouer mes atouts. Et j'en abattis un.

« Il me semble, dis-je, que notre différend ne peut être surmonté. Brisons-là. Gardez votre banque, et j'en chercherai une autre. »

Je sortis mon chéquier et me mis à rédiger un chèque.

« Pouvez-vous me dire quel est le solde de mon compte aujourd'hui ? demandai-je ; et ils comprirent immédiatement ce que je voulais faire.

– Vous n'allez pas retirer votre solde, M. Ponzi ? » Les responsables semblaient très perturbés.

« Mais si, certainement, je vais le retirer, répliquai-je. Immédiatement.

– Mais c'est peu correct de votre part, de faire ça, remarqua l'autre. Vous avez un solde important et vous devriez nous donner un préavis.

– Pourquoi ? Mon argent est sur un compte chèques. Y a-t-il une raison quelconque pour que je ne puisse tirer des chèques à hauteur du solde de mon compte ? demandai-je.

– Non. Vous avez parfaitement le droit de le faire, admirent-ils. Mais une banque ne conserve généralement pas une telle somme disponible en liquide. Il nous faudrait mobiliser des actifs, et nous aurions probablement du mal à honorer votre chèque.

– Cela ne me concerne pas, insistai-je.

– Pourquoi ne pourrions-nous pas faire un compromis ? suggéra l'un.

– Qu'avez-vous à offrir ? demandai-je.

– Nous vous vendrons un millier de nouvelles actions, répliqua-t-il.

– Pas question, lui dis-je. Ce serait comme jeter par les fenêtres la bonne monnaie après la mauvaise. Nous ne pouvons pas nous entendre sur cette base.

– Mais nous ne possédons pas tant de parts nous-mêmes, plaida l'un d'entre eux.

– Peut-être pas, concédai-je, mais vous en contrôlez davantage que vous n'en possédez.

– Nous voulons bien vous vendre autant de parts que nous en contrôlons, dit un des responsables. Un nombre égal. Pas plus, pas moins. Les actionnaires indépendants voteront pour le côté qu'ils souhaitent.

– Combien de parts pensez-vous contrôler ? voulus-je savoir.

– Pas plus de 1 500 tout compris, déclara-t-il. Nous vous vendrons 1 500 parts. »

Tous deux comptaient sur le concours des actionnaires italiens, qui par le passé avaient toujours voté avec eux. Ils ne savaient pas que ces actionnaires étaient maintenant engagés envers moi. Tandis que moi, je savais que 1 500 parts me donneraient une majorité substantielle.

« Êtes-vous également d'accord pour me nommer administrateur ? leur demandai-je.

– Oui, m'affirmèrent-ils. Nous convoquerons une Assemblée extraordinaire pour que vous puissiez être élu administrateur et membre permanent du comité exécutif.

– J'ai aussi quelques amis que je voudrais voir au Conseil d'administration, déclarai-je.

– D'accord, nous vous concédons également cela.

– Parfait ! dis-je. Je prendrai les 1 500 parts. »

Une demi-heure plus tard, je quittai la Hanover Trust muni de certificats pour 1 500 parts de l'actif. La banque était à moi ! Avec tout ce qu'elle comportait. Y compris l'immeuble à 12 ou 14 étages – le Journal Building, comme on disait – au coin de Water Street et de Washington Street. Où la Hanover Trust était située.

Avec un peu plus de 2 000 000 de dollars, j'avais pris le contrôle de ressources s'élevant à environ 5 000 000 de dollars. De plus, je tenais les responsables par la peau du cou. Les mêmes responsables qui, quelques mois auparavant, m'avaient refusé un prêt de 2000 dollars sous prétexte que mon compte « était davantage un souci qu'un bénéfice. » Oh la vache ! Je ne me sentais plus de pouvoir enfin leur dire ce que je pensais d'eux !

# M. Ponzi fait son marché et achète pour un million de dollars de colis à livrer le dimanche

Acheter une banque n'est pas un incident trivial. Même une banque relativement petite. Comme la Hanover Trust Company. Un homme, s'il arrive au point où il possède une banque, marque l'événement d'une pierre blanche et arrête là. S'il s'agit d'un homme ordinaire. Naturellement, les meilleurs ne s'en vont pas. Jamais. Mais ceux-là, ce ne sont pas des hommes ordinaires. Ils sont extraordinaires. Des professionnels, à leur façon. Ils avalent les banques plus rapidement qu'une dinde ne fait disparaître sa bouillie. Et leur gésier n'est jamais bouché.

Je ne sais pas dans quel état était mon propre gésier. Après que j'aie acheté la Hanover. J'e n'eus aucun problème de digestion. Je ne ressentais aucune obstruction des voies digestives. Au contraire. Je ne me sentais plus. J'acquis un terrible appétit. Je voulais acheter tout ce qui se présentait à ma vue.

Je jetai mon dévolu sur la Prudential Trust Company. Son président pensait qu'il pouvait me la laisser pour le prix de la Custom House Tower. Il n'arriva même pas à la case départ. Je savais qu'il courait à la faillite. Tout ce que j'avais à faire était d'étendre les bras pour l'attraper avant qu'il ne touche terre. Cependant, je luis fis une offre généreuse. Il la refusa. Et s'écroula. Seulement, je n'étais pas là pour le rattraper.

Très vite, je fis une offre pour la Lawrence Trust Company, de Lawrence. Pour l'immeuble Carney, dans Tremont Street. Et d'autres propriétés. Je m'achetai une maison à Lexington. Une à Winthrop. un petit immeuble résidentiel dans le West End. Je pris une demi-douzaine d'hypothèques ici et là. Pris un intérêt substantiel dans la C. & R. Construction Company. Quelques parts dans la Fidelity Trust Company. Dans la Tremont Trust Company. J'allai jusqu'à m'acheter la Napoli Macaroni Company. Pour ne pas manquer de spaghetti à la maison.

Plus j'achetais, plus je voulais acheter. C'était une manie. Une frénésie. Je faillis acheter le Niles Building. Celui dans lequel j'avais mon bureau. Il semblait que les autres locataires s'étaient plaints. Ils disaient qu'ils n'avaient plus accès au leur. Parce que mes investisseurs bloquaient l'entrée, l'ascenseur, les escaliers et les corridors. O'Brien, gardien du Niles Building, m'appela.

« Je suis désolé, M. Ponzi, dit-il. Mais si vous ne pouvez pas réguler la foule qui vient dans vos bureaux, je devrai vous donner un préavis de déménagement.

– Je suis tout aussi désolé, M. O'Brien, lui dis-je. Mais je ne déménagerai pas.

– Vous ne pouvez pas compter que je vais perdre les autres locataires à cause de vous, protesta-t-il.

– Ne vous inquiétez pas ! répliquai-je, Qu'ils s'en aillent. Je prendrai tout l'étage.

– Mais vos clients bloquent aussi l'entrée et les escaliers, se plaignit-il.

– Oh, très bien. Ne nous fâchons pas pour cela, dis-je. Donnez-moi votre prix et j'achèterai l'immeuble. »

Le gardien ne trouva rien à me répliquer. Il savait que j'en avais les moyens. Et que j'étais assez fou pour aller jusqu'au bout de l'affaire. Simplement pour avoir raison. Je ne sais pas comment il réussit à satisfaire les autres locataires. Mais je ne déménageai pas.

Lorsque je ne trouvais rien à acheter, je me sentais vraiment déçu. Un vendeur d'automobiles me trouva dans cet état d'esprit une après-midi.

« J'ai une auto, lui dis-je.

– Une bonne auto ? me demanda-t-il, légèrement sarcastique.

– Que croyez-vous ? rétorquai-je. Vous vous imaginez que je me promène en brouette ?

– On m'a dit que vous aviez une Hudson, dit-il.

– C'est tout à fait vrai, admis-je. Et j'en suis très satisfait.

– Mais il vous faut une voiture beaucoup plus grande et plus chère, insista le vendeur.

– Quoi, par exemple ? demandai-je. Qu'est-ce que vous vendez, de toute façon ?

– Des Locomobiles », répondit-il, étalant un dépliant ouvert devant moi.

Je l'examinai. Et trouvai une photo de voiture qui me tentait.

« Combien, celle-là ? demandai-je en lui désignant du doigt celle que je voulais.

– 12 600 dollars, livraison comprise, répondit-il.

– Très bien, dis-je. Envoyez-la tout de suite. Je la prends.

– Mais je ne peux pas vous livrer cette voiture maintenant.

– Quand pouvez-vous me la livrer ?

– Dans trois mois environ.

– Trop tard, lui dis-je. Je veux cette voiture tout de suite.

– Elle est encore sur la chaîne de montage, dit-il. C'est une commande pour un millionnaire de New York.

– Quand sera-t-elle prête ? » demandai-je. Sachant dès lors que le véhicule était difficile à obtenir, je le voulais. Simplement pour battre le millionnaire de New York.

« Dans deux semaines environ, me dit-il. Elle doit être livrée le 1er juillet.

– Bien ! m'exclamai-je. Livrez-la moi en bas des escaliers pour le 1er juillet.

– Mais cette voiture est déjà vendue, insista-t-il, pour me persuader.

– Écoutez, jeune homme, l'avertis-je. Je veux cette voiture. Et lorsque je veux quelque chose, je suis prêt à y mettre le prix. Amenez-moi cette auto ici au plus tard à 13 heures, le 1er juillet, et je vous donnerai 1 000 dollars de plus. »

Le véhicule en question me fut livré à temps. 15 minutes avant 13 heures, le 1er juillet 1920.

Les histoires de ce genre étaient courantes. Elles arrivaient tous les jours. Quelquefois, elles n'exigeaient pas beaucoup d'argent. D'autre fois, elles étaient plus coûteuses. Comme la voiture. Comme tout. Parce que cela me donnait le frisson, de poser comme si j'étais le comte de Monte-Cristo. De pouvoir entrer n'importe où, et dire au préposé : « Emballez-moi ça, s'il vous plaît. Je le prends. » Que la chose fût une boîte de confiserie ou un immeuble.

Un jour, j'allai dans le quartier du marché. J'y entrai. Là où j'avais travaillé moins de deux ans auparavant. Je voulais voir les copines et les copains. Mes anciens collègues. Je m'arrêtai pour bavarder avec tous. Puis j'entrai dans le bureau privé de Poole. Il ne s'attendait pas à ma visite. Encore moins à ce que je lui réservais. Il ne savait pas non plus que j'étais un millionnaire. Il avait entendu dire que mes affaires marchaient très bien.

« Assieds-toi, Charlie, dit-il. On me dit que tu es dans les affaires. Que tu fais commerce de titres étrangers.

– C'est exact, admis-je.

– Et ça marche ? demanda-t-il.

– Assez bien, répliquai-je. C'est ce qui m'amène ici. Pour vous demander conseil. J'ai quelques dollars que je voudrais investir.

– Pourquoi n'achètes-tu pas d'actions de préférence, suggéra-t-il. Elles donnent du 7 %.

– Je préférerais des actions ordinaires, lui expliquai-je. Elles devraient rendre davantage.

– Je vais te dire ce que je vais faire, dit-il. Je vais te donner 25 parts de chaque.

– C'est tout ? me plaignis-je. Cela me semble à peine de quoi valoir se déranger. »

Poole eut l'air un peu perplexe. Il ne savait pas si je plaisantais ou si j'étais sérieux.

« Combien en veux-tu de plus ? demanda-t-il.

– Je prendrai tout ce que vous avez », répondis-je d'un air indifférent.

Poole rit. Cela l'amusait. Il trouvait que c'était une très bonne plaisanterie.

De la part d'un ancien employé à lui. Mais en même temps, il avait un peu pitié de moi. Il pensait que j'étais une sorte de cinglé.

« Écoute Charlie, dit-il, essayant de me le dire gentiment, il faut beaucoup d'argent pour acheter cette société.

– J'imagine bien, approuvai-je. C'est pour cela que j'ai attendu aussi longtemps pour venir vous voir. J'avais peur de ne pas avoir assez.

– Et tu n'y es peut-être toujours pas, commenta-t-il d'un air sceptique. Cependant, si tu as assez d'argent, tu peux avoir 500 parts d'actions de préférence pour 477 500 dollars et 200 parts d'actions ordinaires pour 35 200 dollars.

– Et j'aurai un siège d'administrateur dans votre société ? demandai-je.

– Oui, tu auras ça aussi, m'accorda-t-il, pensant toujours en son for intérieur que je ne faisais que bluffer.

– Dans ce cas, préparez les certificats, lui dis-je.

– Où est l'argent ? demanda-t-il.

– Ici », dis-je, sortant un chéquier.

Je fis le chèque. Je le lui tendis. Il le prit. D'un air un peu penaud. Il savait que le chèque était bon.

« Je ne pensais pas que tu étais sérieux, dit-il.

– J. R., je ne bluffe jamais », lui dis-je, et, sortant de mon portefeuille six chèques certifiés issus à mon intention, pour un montant de 200 000 dollars chacun, je les étalai devant ses yeux.

« Bon sang ! dit-il. Cela fait 1 200 000 dollars !

– Oui, et plusieurs millions supplémentaires derrière », l'assurai-je.

Quelques jours plus tard, j'achetai de Poole les 550 parts restantes d'actions ordinaires. Et payai pour les acquérir environ 206 000 dollars. Et je prêtai encore à la société 155 000 dollars. Poole et moi nous étions mis d'accord pour porter sa capitalisation à un million de dollars et pour ouvrir des succursales dans plusieurs pays étrangers.

La transaction ajouta à la diversité de mes participations. Elle me donna une usine de sardines dans le Maine. Et une unité de conditionnement de viande à la sortie de Kansas City. L'une et l'autre propriétés de la J. R. Poole Company. Je devais sentir dans la mœlle de mes os l'arrivée de la Grande Crise. Parce qu'avec mes acquisitions je fis certainement des préparations pour y faire face.

Non seulement je faisais mon marché à droite et à gauche. Mais j'ouvrais aussi des succursales un peu partout. J'en avais 35 en Nouvelle-Angleterre. J'avais de gros comptes dans quelque 45 banques. Je fonçais comme une locomotive à pleins feux !

Les gens devaient s'imaginer que j'avais découvert le trésor enfoui des Incas. Ou la lampe d'Aladin. S'ils avaient pensé une seule fois aux coupons, ils seraient devenus fous à imaginer combien il m'en fallait pour justifier ce que je faisais. En fait, mes ressources visibles dépassaient alors 5 000 000 de dollars. En supposant que je gagnais deux cents sur chaque coupon, il m'en fallait traiter plus de 250 000 000 ! C'était absurde. Il n'en existait pas tant que cela dans le monde. Il n'y en avait jamais eu autant. Et il aurait fallu des mois pour les imprimer !

En bref, pendant quelque temps, je n'avais pas du tout obtenu de coupons. En fait, après le premier lot, je n'avais pas pu en acheter. Sauf en petites quantités. La seule raison en était que l'offre existante n'était pas suffisante pour répondre à l'accroissement de la demande. Il fallait les commander à l'Union Postale Universelle. Mais dès que les administrations postales des divers pays concernés commencèrent à noter une activité inhabituelle sur les coupons, le secret fut éventé. Une par une, elles prirent des mesures pour suspendre la vente de coupons.

Je l'appris rapidement. Plus vite, en fait, que les autorités de Washington. Mais pas assez vite pour m'en sortir. Confiant dans l'arrivée des coupons, j'avais racheté un certain nombre de mes billets avec du liquide provenant de l'émission de nouveaux billets. Lorsque les coupons n'arrivèrent plus, je me trouvai dans une situation où je ne pouvais plus couvrir entièrement tous les billets en circulation. Non seulement je ne pouvait pas payer le bénéfice de 50 % promis. Mais je ne pouvais même plus rembourser le principal à raison de plus de 75 cents pour un dollar.

Qu'allais-je faire ? Proclamer mon insolvabilité et être poursuivi, ou continuer le bluff et compter sur la chance. Je continuai le bluff, espérant que je finirais par trouver un plan viable pour payer tous mes créditeurs en entier. Je n'eus jamais l'idée d'empocher tout l'argent disponible et de m'éclipser. Si je l'avais fait, je n'aurais jamais été qualifié de satané idiot aussi souvent que ce fut le cas.

Heureusement, un satané idiot n'a jamais l'occasion d'être seul, où que ce soit. Il trouve se généralement en bonne compagnie, comme moi, dans les endroits les plus inattendus. C'est pourquoi je réussis à survivre quelques mois de plus.

En fait, un matin, les inspecteurs des postes me rendirent visite ; une de ces visites régulières, je dois dire, car ils avaient pris l'habitude de surgir à toute occasion. Dès que je les aperçus, je me doutai d'après leur contenance qu'ils avaient quelque chose à cacher dans leur manche, et c'était le cas. Mais ce quelque chose aurait aussi bien pu être des « brassards, » pour le bien que cela leur fit. Cependant leur dynamisme me mit sur mes gardes.

« M. Ponzi, dit l'un, nous avons découvert que certaines de vos affirmations ne sont pas compatibles avec divers avis que nous avons reçus du Ministère.

– Ce qui voudrait dire que, comme vous ne voulez pas vous opposer au Ministère, je dois être un menteur, remarquai-je.

– Non, non, se dépêcha-t-il de dire, pour me rassurer, mais nous sommes venus entendre les explications que vous pouvez nous donner.

– À quel sujet ? demandai-je.

– Au sujet de vos achats de coupons, répliqua-t-il. Où les achetez-vous ?

– Cela, je ne vous le dirai pas, répliquai-je, refusant de m'engager. Je dirai simplement qu'on peut en acheter avec profit dans tout pays ayant une monnaie de papier dépréciée.

– Par exemple ? insista-t-il.

– Par exemple, l'Italie, la France, la Roumanie, la Grèce, etc, répondis-je.

– Exactement, dit-il. Or nous avons des informations selon lesquelles l'Italie, la France et la Roumanie se sont retirées de l'accord postal et ont arrêté la vente de coupons depuis le 31 mars.

– Vous ne m'apprenez rien de nouveau, répliquai-je. Cette information a été diffusée il y a quelque temps par votre Ministère à tous les bureaux de poste, et je possède des exemplaires du communiqué.

– Admettez-vous que l'on ne peut plus acheter de coupons dans ces pays-là ? demanda-t-il, essayant de me coincer.

– Non, je n'admets pas cela, répondis-je. J'admets, si cela vous aide, qu'ils ne sont plus en vente pour le grand public. Mais j'ai toutes les raisons de penser que mes commandes ne sont refusées nulle part.

– S'il en est ainsi, cela se fait à l'insu de ces gouvernements, affirma-t-il.

– Peut-être, admis-je, mais cela ne me regarde pas. Tout ce qui m'intéresse est d'en obtenir.

– En supposant que vous pouvez toujours obtenir les coupons, comment allez-vous les convertir ? demanda-t-il.

– Comme d'habitude, répondis-je. En les présentant au bureau de poste.

– Mais des instructions ont été transmises à tous les receveurs, pour qu'ils ne convertissent plus les coupons en provenance de ces pays après le 31 mars, maintint-il.

– Et alors ? le contredis-je. Si l'on peut toujours obtenir les coupons dans ces pays, en dépit des réglementations contraires, il serait facile de les faire tamponner d'une date antérieure au 31 mars.

– Voulez-vous dire que vous êtes en relation avec des fonctionnaires des postes qui sont déloyaux vis-à-vis de leur gouvernement ? continua-t-il, en me poussant dans mes retranchements.

– Je ne veux rien dire de tel, répliquai-je. Je vous montre simplement comment l'on peut surmonter certaines difficultés. Vous en tirez les conclusions que vous voulez. »

À ce moment précis, Al Ciullo, un ami, entra dans le bureau. C'était le destin qui l'avait envoyé. Il ne savait pas que les deux hommes qui parlaient avec moi étaient des inspecteurs. Il n'avait aucune idée de ce dont nous discutions.

« Charlie, dit-il, interrompant la conversation et me tendant une enveloppe qui contenait environ 300 coupons-réponse internationaux. Je viens de recevoir ces coupons d'Italie. »

Je les sortis de l'enveloppe. Les examinai. Et souris. Les deux inspecteurs se tournèrent vers lui à la vitesse de l'éclair.

« Où les avez-vous eus ? lui demandèrent-ils.

– Je les ai eus par mon oncle en Italie, répondit Ciullo.

– Qui est-il ? insista l'inspecteur.

– Il est receveur des Postes dans une petite ville, lui dit Ciullo.

– Quand les avez-vous reçus ? lui jeta l'inspecteur.

– Ce matin.

– Comment ? continua l'inspecteur.

– Par courrier, dit Ciullo.

– Faites-moi voir l'enveloppe », me demanda l'inspecteur.

Je lui tendis l'enveloppe. Il l'examina avec soin. Regarda l'oblitération. Elle portait une date du mois de mai.

« Eh bien, dis-je à l'inspecteur, d'un ton légèrement sarcastique, J'espère que vous avez vu maintenant que quelqu'un d'autre que moi peut acheter des coupons en Italie. Même si nous sommes deux mois après le 31 mars.

– Nom d'un chien ! », dit l'inspecteur, en partant avec son collègue. Il en avait vu assez pour faire une crise.

Malgré les difficultés apparues, je n'abandonnai pas complètement l'idée d'acheter des coupons. Je connaissais la nature humaine. Je connaissais le point faible des fonctionnaires publics. Je savais que l'argent parle partout. Et je me proposais de le faire parler.

Le président de la Hanover Trust Company était une sorte de représentant officieux du gouvernement polonais. Était-ce de fait ou de réputation, je ne sais pas. Mais il semblait bien connaître les événements de Pologne. Et être en situation d'approcher les responsables de ce pays. Au cours d'une conversation, il me signala que la Pologne essayait de négocier un emprunt de 10 000 000 de dollars aux États-Unis.

Cela me donna une idée.

« Henry, lui dis-je, vous avez là la chance de votre vie de gagner vraiment beaucoup d'argent.

– Comment cela ? demanda-t-il.

– Prenez contact avec les bonnes personnes en Pologne, lui dis-je, et arrangez-vous pour qu'elles me vendent une quantité de coupons-réponse internationaux équivalant, dans leur propre devise, à 10 000 000 de dollars. Je leur donnerai les dix millions en deux semaines. Et je veux bien me faire livrer les coupons sur une période de six mois.

– Je peux leur faire la proposition, m'accorda-t-il. Mais je ne sais pas si je réussirai.

– Écoutez, Henry, lui dis-je. Les fonctionnaires publics se ressemblent beaucoup dans le monde entier. Allez-y. Je ne suis pas radin. »

Tandis qu'il s'efforçait de couvrir le côté varsovien de l'affaire, je m'occupai de Washington. Il était aussi important de se faire rembourser les coupons que de les acheter. Mais l'affaire en demandait un tel nombre que seul le Ministre des Postes pouvait la traiter.

## GROS CHÈQUE POUR LA RÉPUBLIQUE POLONAISE

**LES EFFORTS DE LA NOUVELLE-ANGLETERRE** pour trouver des souscriptions pour le lancement de l'emprunt Liberty de 10 000 000 de dollars de la République de Pologne reçoivent un écho favorable. L'une des premières grandes souscriptions a été prise par la Hanover Trust Company de Boston, par le biais de son vice-président et trésorier, M. Henry H. Chmielinski, natif de Pologne. Le montant du chèque était de 50 000 dollars. M. Chmielinksi, commentant le lancement, a déclaré :

« J'espère sincèrement que toute personne d'origine polonaise en Nouvelle Angleterre achètera une obligation de la nouvelle République polonaise. Nous serions très heureux du merveilleux combat que mène la Pologne pour mettre de l'ordre dans ses affaires d'État. En-dehors de cette raison patriotique, je considère les obligations polonaises comme un bon investissement. La Pologne, en tant que Nation, honorera sa dette. Elle est moins endettée qu'aucune Nation en Europe. Comme investissement, les obligations polonaires me paraissent solides et sûres. »

*Journal Lowell Sun*
19 juin 1920. La Polish Connection

Je donnai instruction à mon avocat d'entrer en contact avec lui. Ce qu'il fit. Par l'intermédiaire du Représentant au Congrès Peter Tague. Et au bout de quelques jours, le parlementaire répondit que le Ministre des Postes Burleson avait déclaré la transaction entièrement légale. Non seulement cela, mais le Représentant, que je rencontrai peu après à Parker House, me dit que le ministre Burleson avait également donné son accord pour rembourser une valeur de 1 000 000 de dollars de ces coupons par mois.

## M. Ponzi, fonçant droit sur les récifs, réussit à les éviter pendant un temps

L'affaire polonaise échoua, car il ne fut pas possible d'obtenir ce que nous voulions, et je fus laissé à sec; sans coupons et sans bénéfice à l'horizon, et sans moyen d'honorer mes billets, sauf à faire appel à la coutume ancestrale consistant à découvrir Pierre pour couvrir Paul. C'était une question de vie ou de mort, et j'avoue que je ne voulais pas mourir. Pas tout de suite, en tous cas, car je me disais que tant qu'il y a de la vie, il y a de l'espoir, et j'espérais.

De ce fait, on m'a appelé optimiste, rêveur, visionnaire, etc., y compris escroc, probablement du fait que je ne m'en tirai pas, comme un grand nombre de banquiers que je connais, et comme certaines des grandes sociétés que je ne nommerai pas. Sinon, on m'aurait appelé génie; magicien, sans guillemets.

Espérer signifie se battre; se battre pour sauver sa peau. J'étais menacé de destruction; non pas par le gouvernement ou un groupe d'intérêts, non pas par tel ou tel individu, mais par un ordre de choses que j'avais choisi de défier. Ne tournons pas autour du pot. Personne n'était responsable des ennuis dans lesquels je me trouvais; personne en-dehors de moi, même si j'aurais pu donner dans le panneau en parfaite bonne foi.

Mon problème précis était qu'à chaque fois que je payais un de mes billets, en en émettant un autre, j'ajoutais environ 75 % à ma dette, au lieu de la diminuer. Cela signifiait que pour 100 dollars empruntés en décembre 1919, lorsque j'avais démarré, en calculant les intérêts composés de 75 % toutes les six semaines, je devais, en août 1920, environ 2 000 dollars. Proportionnellement moins, pour toute somme de 100 dollars empruntée ensuite, mais cependant une très forte somme.

La situation était relativement critique. Avec quatre ou cinq millions de dollars en liquide et toutes les chances de faire mieux pour les pays non atteints par les traités d'extradition, on ne pouvait pas la qualifier de critique. Elle était idéale. Mais pour un entêté comme moi, déterminé à tenir le coup jusqu'à la fin, elle était plus que critique. Elle était sans espoir.

D'un autre côté, quatre siècles auparavant, Christophe Colomb était parti d'Espagne sur ce qu'il pensait être la route occidentale de l'Asie et des Indes orientales. En chemin, il avait découvert l'Amérique. Il ne savait pas qu'elle était là, et personne d'autre ne le savait, sauf les Indiens. Pourtant, il s'y jeta tout droit.

J'avais à peu près le même sentiment. Je savais ce qui m'attendait si j'arrêtais. Je ne savais pas quels obstacles je rencontrerais si je continuais. J'avais une confiance illimitée dans la chance, et dans ma capacité à l'exploiter. Et je persévérai sur ma lancée, comme un taureau dans une boutique de porcelaine, pour renverser tous les précédents et les principes de la haute finance, tels que prêchés, mais non pratiqués, à Wall Street.

Je me pensais capable de faire face à n'importe quelle éventualité sauf la mort, et que c'était là la dernière chose dont j'aurais dû me soucier. Mais au contraire, c'était la première chose, car je voulais protéger mes créditeurs ainsi que ma famille. La réponse était l'assurance-vie. Je décidai de prendre une police globale à couverture suffisamment large pour assurer tous mes engagements. Et de l'augmenter de temps en temps, afin de rester à jour.

Agissant par impulsion, comme je le fais toujours, Je téléphonai immédiatement à un agent d'assurances. Il fut dans mon bureau en dix minutes.

« Je vais vous dire ce que je veux, lui dis-je. Je veux une police d'assurance vie annuelle pour un montant dépassant mes engagements. Je veux également avoir la possibilité d'augmenter cette somme de temps en temps pour renouveler la police pendant encore un an ou plus. La police doit être payable dans une banque donnée. Disons la First National Bank. En tant que curatrice pour mes détenteurs de billets.

– Quel est votre objectif ? me demanda l'agent.

– Mon objectif, lui expliquai-je, est que, si je décède, mes créditeurs soient payés intégralement par la police, laissant intacte la totalité de mon patrimoine à ma famille. Sans aucune servitude. C'est pourquoi je voudrais une police pour une somme toujours supérieure à ce que je dois. Au fur et à mesure que mon passif s'élève, je dois faire croître en conséquence le montant de ma police. »

L'agent d'assurance s'en alla en me promettant d'agir rapidement. J'allai à la First National Bank. Et présentai ma proposition au vice-président chargé du Trust Department. Il l'approuva et nous allâmes ensemble au bureau d'avocats Blodgett's pour faire rédiger un contrat en bonne et due forme.

Cet instrument, après une série d'« attendus » qui mentionnait comment Ponzi, directeur de la Securities Exchange Company, était engagé dans une entreprise traitant de coupons-réponse internationaux, pour l'avancement de laquelle il empruntait de l'argent dans le public avec un taux d'intérêt de 50 % tous les 45 jours, nommait la First National Bank of Boston bénéficiaire en fiducie d'une police d'assurance vie pour un montant de plusieurs millions de dollars, sur lequel, en cas de décès de Ponzi, ladite banque s'engageait à rembourser toutes les obligations incombant à la Securities Exchange Company, comme en témoignaient les billets de teneur et de description similaires à l'échantillon joint au contrat.

Ayant réglé le problème de mon décès, je me tournai vers ceux qui traitaient de ma vie quotidienne. J'étais constamment l'objet d'enquêtes. C'était une plaie. Je ne pouvais pas la refermer. Les inspecteurs des postes étaient tenaces. Ils m'étranglaient lentement. Avec un volume de données difficile à battre. Mais eux aussi grimpaient à contre-pente. Même si ma déclaration selon laquelle je m'occupais de coupons était frauduleuse, la manière dont je remboursais mes billets empêchait toute poursuite. La poursuite ne pouvait commencer que si je faisais défaut sur mes paiements. Cependant, je devais toujours être sur mes gardes.

Les autorités de l'État du Massachusetts n'étaient généralement pas trop curieuses. Ni gênantes. Mais de temps à autre, elles donnaient signe de vie. Et déclenchaient un peu d'émotion.

Un matin, par exemple, je reçus un appel téléphonique de mon agent à Manchester, New Hampshire. Il me dit que le Commissaire aux Assurances lui avait interdit de continuer ses opérations jusqu'à ce qu'il ait obtenu une licence. La question était sérieuse. Elle menaçait toute ma structure. Un revers au New Hampshire aurait suscité des attaques dans tous les États de Nouvelle-Angleterre où j'entretenais des succursales. Je sautai dans une voiture louée et conduisis jusqu'à Manchester.

À mon arrivée, mon agent me donna les détails de ce qui s'était passé. Puis nous allâmes au siège de ma banque pour tenir une conférence avec l'un des responsables qui s'y trouvaient.

« Je suis heureux que vous soyez venu, me dit-il. Parce que la situation est particulièrement dangereuse et doit être abordée avec précaution.

– Y a-t-il une histoire cachée là-dedans, en-dehors de ce que Bruno m'a déjà dit ? lui demandai-je. Bruno était mon agent.

– Oui, répondit-il. En fait, il s'agit surtout d'intrigues cachées.

– Politiques ? suggérai-je.

– Un peu, admit-il. Mais surtout des pressions venant d'intérêts financiers.

– Vous en connaissez la source ? lui demandai-je.

– Pas avec une certitude mathématique, répondit-il. Mais je peux deviner. Il y a peut-être davantage de jalousie entre les banques qu'entre les autres organisations qui se font concurrence. Et il est bien connu que nous sommes l'un de vos déposants et que vous avez un large excédent chez nous.

– Mais vous avez sans doute une assez bonne idée de la façon dont on peut traiter la situation ? hasardai-je.

– Oui, admit-il. Probablement autant que quiconque.

– Que me conseillez-vous de faire ? demandai-je.

– Je vous conseille de retenir un grand avocat pour traiter les aspects juridiques et autres de la question, suggéra-t-il. Cela sera peut-être un peu coûteux, mais cela vaudra la peine en fin de compte.

– Pensez-vous à un avocat particulier que vous puissiez recommander ? demandai-je.

– Oui, dit-il. Allez voir Untel de ma part, dans cet immeuble. Bruno viendra avec vous. Il le connaît. »

Bruno et moi montâmes pour aller voir l'avocat.

« Nous devons soutenir que vos affaires ne tombent pas sous le coup des lois sur les valeurs mobilières, conseilla-t-il, après m'avoir écouté.

– Précisément, approuvai-je.

– Le commissaire affirme que Bruno devrait présenter une demande de licence, poursuivit-il en continuant d'examiner le problème. Mais une demande nécessite un compte-rendu détaillé de vos secrets d'affaires que, j'en suis sûr, vous ne souhaitez pas divulguer. Donc une demande est hors de question. Nous allons nous opposer à cette décision.

– Peut-on conclure l'affaire aujourd'hui ? demandai-je,

– Je l'espère, dit-il. Nous partons immédiatement pour Concord afin d'avoir une conférence avec le Commissaire aux assurances. »

L'avocat était un conducteur virtuose ! Au volant de sa Stutz, il avala tout simplement la route. En-dehors des virages et autres caractéristiques du trajet, je n'avais jamais autant risqué un accident que ce jour-là. Il aurait battu tous les records à Daytona Beach !

À Concord, le commissaire nous donna audience immédiatement. Avec mon avocat, ils avaient eu quelques différents animés. Mais la conférence se termina comme se terminent généralement toutes les conférences. Le commissaire mit la question en délibéré.

Et il revint à Manchester avec nous. Et je l'eus pour moi tout seul sur le siège arrière pendant le voyage de retour. Nous discutâmes. Le commissaire était très intéressé par les opérations de la Securities Exchange Company. Il se plaisait à en entendre les détails. Et je ne manquai pas l'occasion d'en peindre une image rose à son intention. À Manchester, nous nous séparâmes.

Dans la soirée, Bruno et moi allâmes de nouveau voir mon avocat après avoir pris rendez-vous.

« Eh bien, qu'y a-t-il de nouveau ? lui demandai-je.

– J'ai eu une longue conversation avec le commissaire après votre départ, répondit l'avocat, et il semble concéder qu'il n'est pas compétent.

– Très bien ! explosai-je. Quand annoncera-t-il sa décision ?

– Peut-être demain, dit mon avocat. Il m'a dit qu'il a été très impressionné par les explications que vous lui avez données lors du retour de Concord.

– Vraiment ? dis-je.

– Oui, confirma-t-il. En fait, je suis personnellement convaincu qu'il n'hésiterait pas à faire un petit investissement chez vous.

– C'est trop beau pour être vrai, dis-je. Pouvez-vous arranger cela ?

– J'en doute, répondit-il. Parce qu'il n'a pas d'argent.

– Bah ! Cela n'a pas d'importance, lui dis-je. Il peut avoir un de nos billets sans payer un cent. Le plaisir d'avoir son nom dans mes livres vaut mieux que l'argent pour moi.

– Vous le voulez ? demanda mon avocat.

– Est-ce que je le veux ? répliquai-je. Écoutez donc ! Je le veux tellement que je ne peux plus m'en passer !

– Je crois que je peux arranger ça, promit mon avocat. Mais lui délivrer un billet sec, cela n'irait pas. Faisons les choses bien. »

**Annonce**

La Securities Exchange Company of Boston, Mass., annonce l'ouverture d'un bureau à Portsmouth, Salle 4, deuxième étage, 13 Pleasant Street, qui servira le grand public des villes de Dover, Rochester, Farmington, Somes-worth, Kittery, New Market, Portsmouth, Exeter, Hampton, Rye et Epping.

La Securities Exchange Company, qui est dirigée par Charles Ponzi, siège social 27 School Street, Boston, mène des affaires générales de change avec l'étranger, se spécialisant dans les coupons-réponse internationaux. Au taux de change actuel entre notre pays et l'Italie, il est possible d'acheter un coupon-réponse italien pour environ 1,5 cent, remboursable aux États-Unis à raison de cinq cents, ce qui dégage un profit de 3,5 cents.

La Securities Exchange Company donne à tous les investisseurs un billet payable à quatre-vingt dix jours avec un intérêt de cinquante pour cent. À l'heure actuelle tous les billets ont été payés en moins de quarante-cinq jours avec un intérêt de cinquante pour cent.

Toute information supplémentaire sera fournie au bureau local de la compagnie.

Le 9 juillet 1920

**M. BRUNO, Agent.**

Publicité pour la Securities Exchange Co. à Manchester

« J'écoute, dis-je.

– Vous et Bruno vous arrangez pour que le Commissaire puisse emprunter un peu d'argent à la banque, suggéra-t-il. Faites-lui investir ce qu'il emprunte, et lorsqu'il reçoit votre remboursement, il peut à son tour rembourser la banque.

– C'est facile, admis-je. On lui donne combien ?

– Disons deux mille ? répondit mon avocat.

– C'est d'accord pour moi, répliquai-je. Allons régler ça à la banque. »

La banque accepta facilement de prêter au commissaire 2 000 dollars sur sa note personnelle, étant entendu que Bruno garantissait le prêt.

« Eh bien, comment vous en êtes-vous sorti ? demanda l'un des employés de la banque, en parlant de la conférence.

– Je crois que nous avons gagné, répondis-je.

– Le commissaire va-t-il donner une licence à Bruno ? demanda-t-il.

– Je ne crois pas, lui dis-je. Il semble admettre qu'il n'a pas de compétence là-dessus. Au fait, quel est l'état du crédit du commissaire dans votre banque ?

– Pas très bon, répondit l'employé. Ses moyens financiers sont assez limités.

– Eh bien, cela n'a pas d'importance, dis-je. Je veux que vous lui dégagiez 2 000 dollars sur sa note personnelle pendant soixante jours. Bruno sera responsable des prêts. Cela vous va-t-il ?

– Tout à fait, approuva-t-il. Je lui prêterai dix mille si vous voulez.

– Non. Deux mille suffiront, lui dis-je. Lorsque son billet viendra à maturité, s'il ne le paie pas, il suffira de transférer la note à Bruno ou sur mon compte.

– Puis-je vous demander quel est l'objectif de ce prêt ? demanda l'employé de banque.

– Oui, bien sûr, répondis-je. Il va investir les 2 000 dollars chez moi.

– C'est certainement une riche idée ! », dit l'employé de banque en riant.

Lorsque je quittai Manchester ce soir-là, j'avais accompli davantage que ce que j'avais espéré. Deux jours plus tard, le commissaire aux assurances annonça que mon agent n'avait pas besoin d'une licence. Tout de suite après, il alla à la banque. L'avocat y alla également et retira un peu d'argent. Son propre argent. Quinze mille dollars. Et il les investit lui aussi chez Bruno.

Peu après l'incident de Manchester, je fus « invité » à participer à une conférence dans le bureau du Commissaire aux Banques au Massachusetts. J'aurais pu décliner l'« invitation ». Le commissaire n'avait aucun moyen de m'obliger à y assister. Mais, d'un autre côté, je pouvais difficilement rester à l'écart et lui laisser entendre que j'avais peur. Après tout, ses questions n'étaient pas de nature à m'embarrasser. Ce qu'il ignorait en matière de coupons et de change de devises aurait pu remplir une bibliothèque de bonne taille.

J'allai au Parlement de l'État et fus introduit directement dans son bureau. À cette époque, je n'avais pas besoin d'user mes souliers dans les salles d'attente. Le Commissaire aux Banques m'accueillit cordialement. Presque avec effusion. Comme un cannibale accueille un missionnaire. Car il sait qu'il va l'avoir « pour » le dîner, haché en petits morceaux, comme dans le goulash hongrois. Je pouvais presque le voir se pourlécher les babines d'avance. Je veux dire, le Commissaire aux écheveaux, pas le cannibale.

La table était mise. Les « invités » avaient pris leur siège. Autrement dit, plusieurs procureurs généraux adjoints, et un expert en change de devises d'une des banques de Boston. Ce n'était pas une assemblée très imposante. Le Commissaire lui-même, me semblait-il, n'était pas très familier des questions de change, et les deux procureurs adjoints n'en savaient pas plus, sur le plan juridique, que l'homme dont ils étaient les assistants. L'expert en change de devises était comme le reste des experts. Il avait le don d'exprimer ce qu'il ne savait pas en des termes que personne ne comprenait. C'est pourquoi il faisait son effet à chaque fois qu'il ouvrait la bouche.

Ayant jeté un œil sur ce conclave, je savais que ce serait un jeu d'enfant. J'avais presque honte de croiser le fer avec eux. C'était comme dérober une friandise à un bébé. Mais c'étaient mes adversaires. Et il n'était pas question de les laisser partir avec leur sucette.

La conférence ne dura pas longtemps. Ce n'était pas possible. Mes opposants furent à court d'arguments avant même que je n'aie épuisé la moitié des miens. L'expert en changes dut admettre que mes affirmations quant au change de devises étaient correctes. Les deux procureurs adjoints durent reconnaître que mes activités ne violaient aucune loi de l'État. Le Commissaire aux Banques dut concéder que ma compagnie ne relevait pas de sa juridiction.

Nous nous séparâmes les meilleurs amis du monde. Dommage, en fait, que nous n'ayons pu partager d'autres bons moments.

L'un des procureurs adjoints était en fait « accro ». Il me prit à part et me dit qu'il voulait venir dans mon burau et investir un peu d'argent. Le Commissaire aux Banques, lui, fit une réponse évasive.

« Pourquoi ne viendriez-vous pas me voir un de ces jours ? » dit-il, je crois bien ; ou peut-être était-ce quelque chose d'équivalent. Mais, en tout cas, il ne fut pas question de « beau ténébreux ». De peur, peut-être, que Mae West ne le poursuive pour contrefaçon.

# Des femmes mettent fin à des « paniques » superflues, mais M. Ponzi en arrête une d'un million de dollars

Les événements tombaient vite et dru à mon bureau. Je n'avais pas une minute à moi entre 9 heures et 17 heures. Et la vie apportait une surprise après l'autre. Les unes agréables, d'autres non, mais la plupart étaient amusantes, car j'avais, et j'ai toujours, le sens de l'humour. J'ai tout perdu, sauf ça.

Un matin, alors que je parcourais mon courrier, on m'annonça un sénateur du Massachusetts je le fis entrer.

« Je suis le porte-parole d'un groupe d'amis, commença-t-il. Nous nous sommes réunis et avons souscrit une grosse somme dans le but d'acheter un intérêt de moitié dans votre affaire.

– Mais je n'ai aucune intention d'en vendre ne serait-ce que le huitième, précisai-je.

– Nous nous y attendions, déclara-t-il, et c'est pourquoi je suis autorisé à vous offrir un million de dollars. Nous sommes prêts à déposer la somme, en preuve de notre bonne foi, et à la mettre à votre disposition lorsque vous aurez révélé les secrets de votre entreprise.

– Cher Monsieur le Sénateur, lui dis-je, vos chiffres ne m'étonnent pas du tout. Votre petit million pâlit d'insignifiance devant mes recettes hebdomadaires, qui s'élèvent au double. En outre, qu'est-ce qui vous empêcherait d'apprendre mes secrets et de les utiliser à votre profit sans payer ?

– Notre propre honneur et respectabilité, répliqua-t-il. Nous sommes tous des hommes de la plus haute moralité.

– Je ne le conteste pas du tout, l'assurai-je. D'un autre côté, l'expérience m'a appris qu'il ne faut pas parier sur la moralité des gens. Je suis désolé, Monsieur le Sénateur, mais votre petit million ne peut rien acheter ici. Ce n'est même pas intéressant comme prêt. Bonne journée, Monsieur le Sénateur. »

Tandis qu'il sortait, un inspecteur de police, venu du siège, entra. Il me dit qu'il avait reçu une plainte d'une Mme Campbell.

« Quelle est la nature de sa plainte ? lui demandai-je.

– Elle se plaint, répondit-il, d'avoir été induite par vous à investir quelque argent chez vous, et ses amis lui ont dit qu'elle le perdrait. Elle veut récupérer son argent.

– Légalement, elle ne peut me forcer à rembourser mon billet avant l'échéance, dis-je à l'inspecteur. Et vous n'y pouvez rien. Mais comme ma politique a toujours été de restituer leur argent aux investisseurs mécontents, dites-lui de venir récupérer ses fonds.

– Les lui donnerez-vous ? demanda-t-il.

– Naturellement », l'assurai-je, et il me quitta.

Il revint avec Mme Campbell un peu plus tard. Il me tendit le billet, et j'ordonnai à ma secrétaire de lui donner un chèque. Lorsqu'elle vit qu'elle allait toucher son argent, Mme Campbell changea d'avis.

« M. Ponzi, dit-elle, Je suis absolument désolée d'avoir commis une injustice envers vous ; ce sont mes amis qui m'y ont poussée. Je veux laisser l'argent chez vous jusqu'à l'échéance.

– Quoi ? interrompit l'inspecteur. Après avoir fait tout ce raffut et m'avoir dérangé, vous ne voulez plus récupérer votre argent ? Vous pouvez faire ce que vous voulez, mais je ne m'occupe plus de vos affaires. » Il s'apprêta à partir, mais je lui demandai de rester.

« Je vous en prie, restez jusqu'à ce que cet incident soit réglé », insistai-je. Puis, me tournant vers Mme Campbell, je lui dis :

« Je suis désolé, mais maintenant vous devez prendre votre argent. Je n'en veux pas. Je n'ai pas envie d'avoir comme investisseurs des personnes qui n'ont pas confiance en moi. Retournez voir vos amis, montrez-leur votre argent, et remerciez-les pour les services qu'ils vous ont rendus. Au revoir, madame.

– M. Ponzi, » dit l'inspecteur en me serrant la main, je suis désolé du dérangement que ma visite peut vous avoir causé. J'ai été témoin de la manière dont vous conduisez vos affaires, et, à partir de maintenant, si quelqu'un vient me voir avec une plainte contre vous, je lui montrerai que je sais comment traiter l'affaire.

– Je suis heureux que vous soyez venu, lui dis-je. Cela ne m'a pas dérangé. Ce que vous m'avez vu faire avec Mme Campbell, je suis toujours prêt à le faire pour tous mes investisseurs. » Mais j'espérais, je priais, qu'on ne me demanderait pas de le faire, car je n'aurais pas pu suivre jusqu'au bout.

Cependant, si Mme Campbell avait la détente rapide, le chef de la police d'une petite ville du Massachusetts n'était pas timide non plus. Il avait plus de ressort qu'un fétiche de bronze. Il déboula un jour et me dit qu'il voulait investir, en me précisant qu'il n'avait pas d'argent.

« Alors, que voulez-vous investir ? lui demandai-je. Votre insigne ?

– Non, dit-il. Je pensais que je vous donnerais mon billet pour 500 dollars. Vous pourriez l'escompter à votre banque.

– La belle affaire, m'exclamai-je. Et vous croyez que je vais utiliser mon crédit à la banque pour vous, que vous ayez l'argent ou pas, et en plus vous payer 50 % ?

– Eh bien, cela ne vous coûterait rien, argumenta-t-il, et cela vous est égal que votre argent vous vienne de moi ou de la banque.

– Écoutez, Chef, lui dis-je. je ne vais pas discuter avec vous, parce j'ai mieux à faire, mais je trouve drôle que vous veniez ici en me prenant pour un pigeon ; j'ai donc envie de faire exactement ce que vous me demandez. Tenez, signez ce billet pour 500 dollars, et je vous donnerai ce qui vous revient. »

Quelques jours plus tard, une journaliste, véritable harpie, déboula dans mon bureau et commença à délirer sur un de ses amis que j'aurais escroqué.

« Mais de quoi me parlez-vous, demandai-je à ce personnage.

– Vous savez très bien, répliqua-t-elle. Vous avez soutiré 500 dollars au Chef de la Police, et je suis venu vous dire que si vous ne les lui restituez pas immédiatement, je vous dénoncerai.

– Qui est ce Chef de la Police, demandai-je. Je ne me souviens pas de son nom.

– C'est le Chef de la Police de... dit-elle, en mentionnant le nom d'une petite ville du Massachusetts, et je ne pus m'empêcher de rire.

– Donc, vous prétendez que je l'ai escroqué, non ? lui demandai-je.

– Oui, admit-elle. Je sais que vous avez pris son argent.

– Eh bien, laissez-moi vous dire une chose, puisque vous êtes si astucieuse, lui dis-je. Votre ami a emprunté à la main qui le nourrit, à moi, l'argent qu'il a investi.

– Je ne le crois pas, dit-elle.

– Je me moque que vous le croyiez ou non, l'assurai-je, laissant monter en moi la colère. Mais voici son billet. Quant à vous, puisque vous êtes si effrontée, veuillez sortir de ce bureau. Et ne plus revenir.

– Souvenez-vous que vous parlez à une dame, m'avertit-elle.

– Une personne qui se comporte comme vous le faites n'est pas une dame, lui dis-je. Sortez, ou je vous fais jeter dehors. Et puis, allez-y, et dénoncez-moi comme vous voudrez. »

Ma journée de travail était une succession d'incidents de ce genre. Les plaintes étaient rares et espacées. Pratiquement inconnues, en fait. Et jamais justifiées. Mais, justifiées ou pas, je ne permis jamais à un investisseur de partir sur un grief pour quelques centaines de dollars. C'est pour cela que je durai aussi longtemps. Si une seule plainte était allée devant les tribunaux, cela aurait pu détruire toute la structure.

Un jour, par exemple, un commis de banque arriva avec cinq billets de la Securities Exchange Company pour 150 dollars chaque. Il les présenta pour paiement à l'un des employés, qui me les apporta. Je les regardai, fasciné par ces billets. C'étaient des faux. Je savais comment ils étaient sortis de mon office. Et qui les avait mis en circulation. J'aurais pu refuser de les honorer. Mais je ne le fis pas. Je donnai au commis 750 dollars et pris les billets. Il valait mieux pour moi perdre l'argent que laisser croire à une banque que je faisais défaut sur mes paiements. Ou laisser la banque en connaître la raison. Il y aurait eu une arrestation. Une condamnation. Mais j'aurais sans doute dû agir comme témoin et me soumettre à un contre-interrogatoire. Et évidemment je voulais tout sauf ça.

Outre les investisseurs, toutes sortes de gens voulaient me voir. Des représentants d'institutions caritatives, par exemple. En nuages plus épais que les moustiques au New Jersey. Et j'étais assez généreux avec eux. À condition qu'ils défendent des causes qui en valaient la peine. Je n'hésitais jamais à contribuer à des associations ouvrières ou militaires. Mais je ne donnai jamais une pièce de dix cents pour construire des logements pour chats handicapés. Ni pour des réformateurs à col raide. Ni pour la Ligue anti-alcoolique. Quoique j'aurais bien payé à certains de ces « réformateurs » un aller simple pour la Chine, si j'avais trouvé le moyen de les y garder.

Parmi les représentants d'institutions caritatives, j'en eus un de l'Ohio. Il était venu directement de Marion. Mais à la chasse au dahu. Il avait choisi un mauvais jour. Où j'étais très occupé. Et il eut – et j'eus peut-être aussi – la malchance de ne pouvoir tenir cette réunion. Mais à l'époque, 50 000 dollars auraient permis d'aller loin dans le milieu des gangsters politiques de l'Ohio.

Quoi qu'il en soit, inutile de pleurer sur les occasions perdues. Un employé vint dans mon bureau et me tendit une carte. J'y jetai un coup d'œil. Quelqu'un, dont je ne me rappelle plus le nom, de Marion, Ohio.

« Qui est-il et que veut-il ? demandai-je à l'employé.

– Je ne le connais pas, répondit celui-ci. Il m'a dit qu'il venait de Marion, Ohio, pour vous voir à propos d'une chose importante.

– Dites-lui que je suis désolé, précisai-je à l'employé, mais je suis trop occupé pour voir qui que ce soit.

– Le Monsieur dit qu'il est très important qu'il puisse vous voir, m'informa l'employé.

– Je me moque de son importance, explosai-je. Je ne le verrai pas.

– Miss Meli, dis-je, me tournant vers ma secrétaire, voyez-le et dites-lui d'exposer son affaire. C'est le mieux que je puisse faire pour lui. »

Miss Meli, après une courte conversation avec l'homme, revint dans le bureau, très impressionnée.

« Il insiste pour vous voir personnellement, dit-elle.

– Cela ne sert à rien d'insister avec moi, dis-je. Lorsque je dis que je ne le verrai pas, cela règle la question. Donc, je ne le verrai pas, même s'il était le Tsar de Russie.

– Mais il m'a dit qu'il était le messager spécial du sénateur Harding, insista encore Miss Meli, et qu'il était envoyé par lui en mission confidentielle.

– Vraiment ? rétorquai-je. Eh bien, dites-lui que je devrais me soucier pour le sénateur Harding. Je ne le verrai pas. Je ne veux pas me laisser importuner, même par un sénateur. Il y en a quatre-vingt seize, et je ne peux pas créer un mauvais précédent. »

J'étais peut-être un peu trop insolent ce jour-là. Mais qui aurait pensé que le sénateur Harding deviendrait président des États-Unis ? C'aurait été comme parier sur un outsider à Rockingham ou Narragansett. Pourtant, ç'aurait été un bon pari. Avec un peu de diplomatie, j'aurait pu me faire bien voir du nouveau gouvernement. Et peut-être obtenu le privilège de faire une enchère contre Harry Sinclair pour la concession pétrolière du Tea Pot Oil Dome. Si j'étais insolent ce jour-là, j'avais mes raisons. On m'avait dit que quelque chose fermentait au tribunal. Et ce n'était pas du malt. Ni du houblon.

Mais le genre de bouillon qui annonce les ennuis. Je marchais sur des charbons ardents. Je voulais savoir de quoi il s'agissait. Avant que cela n'éclate. Lorsque l'homme de l'Ohio arriva, j'attendais un journaliste qui connaissait les tenants et aboutissants de Pemberton Square.

À peine fut-il arrivé, nous allâmes ensemble au tribunal. Prîmes des contacts. Obtînmes l'information. Et un répit d'une heure. Pour lequel je déboursai mille dollars. Une véritable affaire ! Car sans cela, la Securities Exchange Company aurait connu un décès prématuré.

Le tout de la chose était un procès d'un million de dollars intenté par un ancien marchand de meubles. Il prétendait avoir acheté un intérêt de la moitié dans la Securities Exchange Company par le biais du prêt de 200 dollars qu'il m'avait fait plusieurs mois auparavant. Ce n'était pas le procès qui m'inquiétait. Mais bien l'acte de saisie qui l'accompagnait. Car il couvrait suffisamment de dépôts bancaires pour me paralyser. Il prenait presque 4 000 000 de dollars à la Cosmopolitan Trust Company, 700 000 dollars à la Tremont Trust Company, 49 000 dollars à la Merchants National Bank of Boston,

10 000 dollars à la First State Bank et environ 200 000 dollars à la Hanover Trust Company.

Le délai me permit d'aller dans la plupart des banques et de jongler avec mes dépôts de manière qu'une faible partie seulement des fonds reste soumise à la saisie. Je ne m'occupai pas des deux plus petits dépôts. Mais je sauvegardai les trois quarts de mon compte à la Tremont Trust et 90 % de celui de la Hanover Trust. À la Cosmopolitan, on me dit qu'il était trop tard. Je ne m'attardai pas à discuter. Il me fallait retourner au bureau avant que la nouvelle de la saisie ne sorte dans les journaux, et me préparer à faire face à la « panique » qui suivrait certainement.

Avec 3 000 000 de dollars en liquide à Boston et 3 000 000 supplémentaires en-dehors de Boston, je faisais face à l'orage. Cela dura quarante-huit heures. Pendant ces deux jours, je remboursai environ un million de dollars. Et économisai ainsi 500 000 dollars d'intérêts, que j'aurais eu à payer à l'échéance de ces billets. Quarante-huit heures suffirent pour rétablir la confiance. Et le million de dollars revint. En moins de temps qu'il n'avait fallu pour le payer.

## M. Ponzi, agacé par les « prêteurs », leur déclare la guerre et commence les hostilités

La « panique » avait produit un peu de publicité. Mais cela ne m'avait aucunement atteint. Dans le grand public. Tout au contraire. Cela avait servi à gonfler mes recettes quotidiennes.

Cependant, dans les milieux financiers, la publicité suscita quelque jalousie. Vous savez comment c'est. Les banquiers détestent la concurrence. Ils la craignent. En particulier le type de concurrence que j'avais lancé. Le mieux qu'ils pouvaient offrir à leurs déposants était d'environ 4 % par an. Tandis que moi, non seulement j'offrais, mais je payais concrètement mes investisseurs 50 % en 45 jours. Soit 400 % par an.

Les retraits de dépôts des banques grandirent en proportion de ce qu'on me confiait en liquide. Plus j'engrangeais, plus les banques devaient sortir de l'argent. Et l'argent, une fois en ma possession, n'était redéposé que dans les banques où j'avais déjà un compte. En particulier, à la Hanover Trust Company. Car c'était mon intention de vider l'argent liquide de plusieurs banques, afin de les obliger, au bout du compte, à se vendre à moi au prix que j'avais déterminé. En amour comme à la guerre, tous les coups sont permis.

J'avais tout prévu. Les banques ne pouvaient pas continuer à sortir de l'argent et à survivre. Certaines pouvaient durer plus longtemps que d'autres. Mais, tôt ou tard, toutes devaient atteindre le point où elles devraient se vendre ou fermer.

La fermeture d'une banque représente généralement une perte totale pour les actionnaires. Non seulement ils ne peuvent récupérer leur mise, mais la plupart du temps, on leur demande de verser une somme additionnelle égale à la valeur nominale des actions qu'ils détiennent. Autrement dit, un homme qui a payé 125 dollars une part de l'actif de la banque perd non seulement ses 125 dollars ; si la banque entre en liquidation, on lui demande souvent de cracher encore 125 dollars.

Je raisonnais que, dans une situation de ce genre, tout actionnaire de banque devait être irrésistiblement tenté de me vendre pour environ cinquante dollars la part. Il aurait été bête de ne pas le faire. Et j'étais prêt à faire précisément cela. Car pour chaque 50 dollars ainsi investis, j'aurais fait un profit de 75 dollars. Soit 150 % en moins de temps qu'il ne faut pour le dire.

Comment cela ? Pourquoi ? C'est facile ! Les gens avaient confiance en moi à l'époque. Ils préféraient déposer leur argent dans les banques que je possédais plutôt que dans les établissements appartenant à quelqu'un d'autre. Mais, même sans nouveaux dépôts, j'aurais pu redresser une banque en y redéposant, sous mon nom, l'argent qui avait été retiré par ceux de ses déposants qui avaient investi chez moi. Comme je ne m'occupais plus de coupons, comme je ne faisais plus commerce de rien, comme l'argent rentrait plus vite et en plus grande quantité que ce qui sortait, j'étais en situation de laisser mes fonds inactifs. N'importe où. Et pour n'importe quelle durée. Même s'ils ne me rapportaient que 4 % par an.

Mon profit serait venu d'une source différente, de l'augmentation de la valeur des actions de la banque, après que je les eusse rachetées à prix cassé. Ce n'était pas compliqué. Ce n'était rien. J'aurais pu acheter une banque aujourd'hui à 50 dollars l'action et vendre un intérêt de 49 % dans cette action, une semaine plus tard, à 125 dollars, ou mieux, par action. Le public aurait volontiers acheté des parts de n'importe laquelle de mes possessions. Non pas parce qu'elles valaient davantage. Mais à cause de mon nom. De mon crédit. Tout comme il achetait mes billets.

Cela aurait été une façon de me sortir de mes difficultés. Une occasion de passer, graduellement, de l'aventure des coupons à un secteur d'activité plus classique.

De réduire, peu à peu, le taux d'intérêt de 400 % que je payais ; de me sortir de cette impasse en peu de temps, et de prendre une retraite de multimillionnaire. Mais je ne le fis pas. Pour toutes sortes de raisons que je ne me suis, depuis lors, jamais appliqué à analyser complètement.

Quoi qu'il en soit, la publicité que je tirai de la « panique » vint aux oreilles de l'un de mes déposants. Il fallait que cela arrive. Je n'y pouvais rien. Pendant plusieurs mois, ils n'avaient rien entendu d'autre que mon nom. Au téléphone. Au comptoir. Ils l'avaient vu dans le courrier. Dans des télégrammes, comme s'il les hantait dans la vie réelle.

Le fait est que, lorsqu'on me demandait des références, ce qui était fréquent, je donnais le nom de la banque. Quelquefois, je donnais même des détails. Et racontais que j'avais un dépôt substantiel dans cette banque. Non seulement cela, mais aussi comment la banque avait accepté d'être bénéficiaire d'une fiducie dans la question de ma police d'assurance vie.

Depuis le président jusqu'au garçon de bureau, tout le monde à la banque était las de répondre à des questions sur Ponzi. En particulier du fait que les gens ne pouvaient pas très bien dire ce qu'ils avaient à l'esprit. Et ainsi, un jour, on me fit appeler.

J'y allai. Je fus introduit dans certain bureau privé. Bureau de qui, je ne sais pas. Qui que fût son hôte, il alla droit au fait.

« M. Ponzi, dit-il, nous sommes assiégés de demandes de références quant à votre position. Nous sommes désolés, mais nous sommes incapables d'en donner une seule. Nous ne savons rien de vos affaires.

– Évidemment, non, lui dis-je. Et je ne m'attends pas à ce que vous racontiez ce que vous ne savez pas. Mais vous pouvez dire que j'ai un compte substantiel ici.

– L'ennui est que les gens semblent avoir l'impression que cette banque est d'une certaine façon associée à vos activités, grommela-t-il.

– Il n'y a rien que je puisse faire pour corriger cette impression, expliquai-je. Ce que les gens peuvent penser ou croire est au-delà de mon autorité.

– Certainement, concéda-t-il. Mais cependant nous sommes mis dans une position embarrassante. Pour notre propre protection, je vous suggère de fermer votre compte chez nous.

– D'accord, répliquai-je. Donnez-moi mon solde, et ce sera tout.

– Merci, M. Ponzi, dit-il. Je vous fais un chèque tout de suite.

– Un chèque ? demandai-je. Pourquoi un chèque ? Donnez-moi du liquide, si cela ne vous ennuie pas.

– Vous ne voulez certainement pas dire que notre chèque n'est pas acceptable pour vous ? demanda-t-il, stupéfait.

– Je ne vais pas entrer dans les détails, dis-je sans m'engager davantage. Mais si vous voulez que je ferme mon compte, vous allez me régler mon solde en billets de mille dollars. Quarante cinq billets, il me semble. »

L'homme n'aimait pas mon attitude du tout. Mais il ne pouvait pas non plus refuser.

Il me donna donc l'argent, et je m'en allai. Compte ou pas compte, je pouvais toujours utiliser la banque comme référence, car elle était bénéficiaire au titre de la police d'assurance, bien que cette référence n'ait plus été nécessaire. À ce moment, j'avais souscrit à Dun and Bradstreet's. Et ils m'avaient évalué à 8 000 000 de dollars !

Le procès qui avait abouti à la « panique » suivait son cours. J'avais retenu Arthur D. Hill pour me représenter. Et j'étais sûr de gagner. Mais, dans l'intervalle, j'avais environ 750 000 dollars immobilisés par la saisie. Qui, à propos, ne me rapportait aucun intérêt.

Ce qui me donna à penser. Les banques dans lesquelles mon argent était immobilisé avaient l'utilisation des fonds sans payer pour cela. Plus le procès durait, mieux c'était pour elles. Elles étaient en réalité les gagnantes, quelle que soit l'issue du litige.

L'un de ces établissements financiers était une petite institution du North End, à peine digne du nom de banque.

J'y avais 10 000 dollars. Que j'avais déposés pour les aider. Le Président m'avait prié à genoux, et comme je pensais qu'il le méritait, je lui avais donné le compte, que j'y aurais laissé indéfiniment. Mais il était dépendant de mon chèque. Et j'aurais pratiquement ruiné la banque si j'avais demandé mon solde, soudainement et sans préavis. La saisie lui donnait une protection idéale.

Quant à la Trust Company, plus grande, j'y avais 190 000 dollars immobilisés. Mais elle m'avait permis de retirer environ un demi-million de la saisie, et elle était une des gagnantes du procès, quoique dans une moindre mesure qu'elle aurait pu l'être.

Dans une autre Trust Company, j'avais 190 000 dollars immobilisés. Le président refusa d'en libérer la moindre fraction. Et je savais qu'il avait besoin de cet argent. Peu de temps auparavant, il était venu dans mon bureau, et m'avait supplié d'ouvrir un compte dans sa société.

« M. Ponzi, m'avait-il dit. Vous me ruinez.

– Comment cela ? lui avais-je demandé.

– Tous mes déposants ferment leur compte pour investir chez vous, expliqua-t-il.

– Je suis désolé, lui avais-je assuré. Je ne pensais pas que c'était aussi grave que cela.

– Mais si, insista-t-il. La semaine dernière, nous avons compensé des chèques à votre crédit pour environ 100 000 dollars par jour.

– Que voulez-vous que je fasse ? lui avais-je demandé.

– Donnez-moi un dépôt, avait-il plaidé.

– Mais j'ai ma propre banque, avais-je soutenu.

– Je sais, avait-il répliqué, mais voulez-vous ruiner tous les autres rien que pour cela ?

– Non, l'avais-je rassuré. Je ne veux ruiner personne. Je vais vous donner un dépôt. Je vais re-déposer dans votre établissement tous les chèques tirés contre votre banque par l'un de mes investisseurs, au hasard. »

Je l'avais fait. Mais le président n'était pas un homme de principes. Or, évidemment, je ne savais pas quel type d'homme il était, avant de lui donner mon dépôt.

Je l'inscrivis sur ma liste des personnes qui justifiaient un soupçon. Et je n'étais pas loin de la vérité lorsque je le fis. L'avocat de l'homme qui me faisait un procès était un ami du président de la banque.

Tandis que je rassemblais indices et preuves, un inspecteur de police du siège me rendit visite.

« Le président de l'une des sociétés fiduciaires était dans nos bureaux hier, m'informa-t-il.

– Oui ? Qu'est-ce qu'il voulait ? demandai-je.

– Il disait pis que pendre de vous, dit-il.

– De moi ? demandai-je.

– Oui, confirma-t-il.

– Je pensais qu'il était mon ami, remarquai-je.

– Eh bien, non, m'assura l'inspecteur. Il dit que vous le ruinez.

– Par tous les diables ! m'exclamai-je. J'ai environ 400 000 dollars immobilisés indéfiniment dans sa banque, qui ne me rapportent aucun intérêt. Que veut-il de plus ?

– Il veut vous faire arrêter, me dit-il.

– Vraiment ? J'étais péniblement surpris.

– Oui, continua l'inspecteur. Il est venu tempêter au siège de la police en disant que nous devrions vous arrêter.

– Et que lui avez-vous dit ? demandai-je.

– Nous lui avons dit que nous ne pouvions pas vous arrêter parce que nous n'avions aucune raison de le faire, répliqua-t-il.

– Et qu'a-t-il dit ? poursuivis-je.

– Que vous devriez être arrêté, fut la réponse.

– Est-ce régulier ? je voulais être sûr.

– Vous me connaissez, Charlie, remarqua l'inspecteur.

– Très bien, dis-je. Je vais régler son compte à ce salaud.

– Pour l'amour de Dieu, laissez-moi en-dehors de ça, me supplia-t-il.

– Ne vous inquiétez pas, l'assurai-je. Vous n'avez rien à craindre de ma part.

– J'ai confiance en vous, dit-il. Les gars au siège et moi-même ferions tout pour vous parce que nous savons que vous êtes un type correct et régulier. »

Ce que me dit l'inspecteur était tout ce dont j'avais besoin pour agir immédiatement. J'envoyai chercher l'homme qui me faisait un procès, même si j'avais horreur de faire ça. Je marchandai avec lui. Je lui payai 50 000 dollars en liquide pour qu'il laisse tomber. Il signa une renonciation. Avec ce papier, j'allai directement voir le président de la société fiduciaire.

« Je suis venu retirer mon solde, lui dis-je, en lui montrant la renonciation.

– C'est trop tard maintenant, dit-il. Nous sommes fermés. Revenez demain matin et je ferai examiner la renonciation par mon avocat.

– Je ne ferai rien de tel, lui lançai-je. Je suis venu récupérer mon argent, et je l'aurai. L'homme qui me faisait un procès est ici. Mon avocat est ici. Il y a 2 000 personnes dehors qui veulent voir comment vous honorez vos obligations.

– Nous sommes fermés, insista-t-il.

– Je me fiche pas mal que ce soit l'heure de se coucher, hurlai-je. Donnez-moi mon argent, ou vous n'ouvrirez jamais demain matin.

– Très bien. Je vais vous donner un chèque.

– Vous ne me donnerez aucun chèque, lui lançai-je. Votre signature n'est que de la roupie de sansonnet. Je veux du liquide. Et tout en billets de dix mille dollars. Trente-sept de ces billets, plus un billet de cinq mille. »

Je dus attendre quelque chose comme deux heures avant de finir par récupérer mon argent. Et, entre temps, j'échangeai encore quelques propos aimables avec lui et avec l'avocat de mon chicaneur, qui s'était joint à nous. Mais je sortis de la banque avec l'argent. Et dans la matinée j'allai directement à la Tremont Trust pour récupérer encore 190 000 dollars. Là, on s'était attendu à ma visite. Je me demande pourquoi ? Quoi qu'il en soit, je trouvai 19 billets de dix mille dollars qui m'attendaient. Je les mis dans ma poche avec les 37 autres. Et retournai à mon bureau. J'aurais fait une belle cible pour certains des gangsters que nous avons vus depuis. Imaginez ! Un homme qui se balade dans le bon vieux Boston avec 56 billets de dix mille dollars dans sa poche de pantalon ! Avec six chèques certifiés de 200 000 dollars chacun dans son porte-monnaie ! Avec suffisamment de billets de moindre valeur et de pièces d'or pour s'acheter un immeuble de rapport ! Et avec seulement un Colt automatique de calibre 25 dans sa poche de gilet !

Même après avoir retiré mes fonds de ces banques, j'étais encore dans une colère folle. Et je n'eus pas l'occasion de me calmer. Car une autre banque entra dans la danse. Cette fois-ci, une des banques nationales. Qui me donna la fièvre.

« Qu'y a-t-il encore ? leur demandai-je.

– Notre banque émettrice nous a notifié qu'elle refusera de procéder à nos compensations à moins que nous ne vous induisions à placer une partie de votre solde sur un certificat de dépôt.

– Quelle est l'idée ? voulus-je savoir.

– Elle réalise les compensations pour nous, m'expliqua-t-on. Vous pourriez payer par un chèque émis sur nous pour plusieurs millions, et elle devrait le compenser. Et cela, nous dit-on, elle ne peut pas le faire.

– Ah, ah ! Je vois ! remarquai-je d'un ton sarcastique. Ainsi, les têtes d'œuf n'ont pas suffisamment de liquide pour compenser mes chèques ? Mais j'adorerais les voir refuser un de mes chèques ! Et les écorcher vifs pour faire sécher leur peau sur un arbre ! J'en suis content. Dites-leur d'aller au diable, et nous allons diffuser cette histoire dans les journaux.

– Non, non. On ne peut pas faire ça, dit-il.

– Et pourquoi pas ? demandai-je. Ne pouvons-nous pas procéder à nos propres compensations ?

– Pas encore, répondit-il. Il nous faudrait prendre contact avec...

– Eh, bien, avec qui vous voudrez, lui dis-je.

– Mais entre temps nous serions laissés sans compensations, souligna-t-il. S'il vous plaît, ne nous mettez pas dans une telle situation.

– Mais vous me demandez d'immobiliser mon solde, rétorquai-je. Et je ne peux pas faire cela, parce que je puis avoir besoin de mon argent à n'importe quel moment.

– Vous n'êtes pas obligé d'immobiliser tout le solde, dit-il. Une partie suffira. Disons un million et demi. »

Je résistai à leur pression pendant un moment. Mais finalement je cédai. Apparemment, je ne pouvais rien faire d'autre à ce moment précis. Je sortis de la banque avec un certificat de dépôt pour un million et demi. Mais plus furieux que jamais. Et déterminé à me défouler sur toute la profession bancaire.

Revenu à mon bureau, j'appelai immédiatement le Commissaire aux Banques. Pris rendez-vous avec lui. Et allai à la State House.

« M. Allen, lui dis-je, j'ai un plan pour faire monter en flèche les dépôts à la Hanover Trust Company, mais je désire votre approbation avant de l'appliquer.

– Quel est votre plan ? me demanda-t-il.

– Mon plan est d'organiser une sorte de concours, lui expliquai-je. Je vais offrir un prix de 1 000 dollars tous les mois à la personne qui contribuera à apporter à la Hanover Trust le plus grand nombre de nouveaux dépôts.

– Comment allez-vous faire ? demanda-t-il.

– Je vais faire imprimer des milliers de cartes, lui dis-je. Un peu comme des cartes d'introduction. Les concurrents les donneront à leurs amis. Chaque carte portera le nom du nouveau déposant et la signature du concurrent. Elle sera jointe au dépôt initial et la banque me la transmettra ou la classera. À la fin de chaque mois, les cartes seront comptées et triées. Le concurrent ayant le plus grand nombre de cartes à son crédit aura les 1 000 dollars.

– Je ne vois rien d'irrégulier dans ce plan, admit le Commissaire aux Banques. « Comme citoyen privé, vous pouvez disposer de votre argent comme bien vous semble. Mais nous ne pouvez pas utiliser les fonds de la Hanover pour cela. Ni promouvoir le concours au nom de la banque.

– J'observerai vos instructions », l'assurai-je, et le quittai.

J'envoyai chercher un imprimeur et lui expliquai ce que je voulais.

Dix ou vingt mille cartes pour commencer. Et tout de suite. Puis j'apposai quelques notices dans mon bureau, avec les règles du concours. La guerre entre les banques et moi était déclenchée. J'avais lancé mon défi. Et je fonçais droit dans l'action pour frapper le premier coup.

# M. Ponzi offre à l'Oncle Sam 200 000 000 de dollars pour la flotte de l'United States Shipping Board

Il y avait un certain temps que je n'avais vu les inspecteurs des Postes. Je n'en avais pas eu de nouvelles. Et me demandais s'ils avaient eu un accident. Comme je l'avais souvent espéré. Ou bien s'ils avaient abandonné l'enquête comme non rentable. Mais non. Ils avaient fouillé dans les ordures.

En fait, un jour le téléphone sonna. L'employé au bureau extérieur répondit sur le poste. Puis il vint me dire que le Procureur des États-Unis était à l'appareil. Je posai le récepteur sur mon bureau et m'annonçai.

J'entendis une voix me dire : « M. Ponzi, je suis un adjoint au Procureur du District.

– Bonjour Monsieur, lui dis-je. Que puis-je faire pour vous ?

– Je voudrais vous parler en direct, répondit-il. Pourriez-vous venir me voir ?

– Certainement, lui dis-je. Où vous verrai-je ?

– Voudriez-vous me rencontrer dans mon bureau à Boston ? demanda-t-il.

– Oui, Monsieur, répondis-je.

– Quand ? s'enquit-il.

– Tout de suite, si vous voulez, affirmai-je.

– Je ne voudrais pas vous gêner, M. Ponzi, s'excusa-t-il.

– Vous ne me gênez pas du tout, l'assurai-je. Je suis toujours heureux de me mettre entièrement à la disposition du Procureur des États-Unis. »

Ce n'était pas du tout le cas. J'aurais préféré voir le diable, n'importe quel jour. Mais il faut bien de temps en temps être poli.

« C'est très gentil à vous, commenta-t-il. (Je veux dire, le Procureur adjoint, pas le diable.) Vous avez dit que vous pouviez venir maintenant ?

– Oui, Monsieur, Je puis être dans votre bureau d'ici dix minutes, promis-je.

– Eh bien, je vous attends, dit-il. Merci.

– Il n'y a pas de quoi. J'arrive », lui dis-je.

J'allai immédiatement à son bureau. M'annonçai. Et je fus introduit dans sa pièce de travail privée. Là, je trouvai l'un de ses assistants, un sténographe, et mes deux « amis », les inspecteurs des Postes. Nous échangeâmes les salutations habituelles.

« Où est votre avocat ? demanda le procureur adjoint.

– Je n'ai pas d'avocat, répliquai-je.

– Voulez-vous dire que vous vous êtes rendu seul à la présente Conférence ? demanda-t-il.

– Suis-je menacé par un danger quelconque ? rétorquai-je.

– Non, admit-il. Mais je supposais que vous souhaitiez protéger vos droits. Comme vous le savez, aux termes de la Constitution, vous n'êtes pas obligé de parler si vous ne le souhaitez pas.

– Mais je n'ai pas l'intention d'invoquer mes prérogatives constitutionnelles, l'assurai-je. Je suppose que vous voulez obtenir de moi quelque chose sur mes activités. Je serai très heureux de répondre à vos questions car je n'ai rien à cacher.

– M. Ponzi, affirma-t-il. Je suis très favorablement impressionné par votre attitude. Avez-vous une objection à la présence des inspecteurs des Postes ?

– Cela dépend comment ils se comportent, répliquai-je avec une nuance d'humour. Dans mon bureau, ils m'ont forcé à leur rappeler qu'ils étaient chez moi sans mandat. Cependant, s'ils promettent de bien se tenir, ils peuvent rester.

– Ils ne sont ici qu'à titre de spectateurs, de toute façon, m'assura-t-il. C'est moi qui conduirai la Conférence.

– Très bien, alors, d'accord. Allons au fait. »

La conférence dura environ deux heures. Je réitérai les déclarations antérieurement faites au sujet des coupons. Je traitai des mêmes sujets que ceux des conférences antérieures. Et lorsque la conférence se termina, il eut l'air satisfait. Il ne donna aucun signe qu'il soupçonnait une irrégularité. S'il avait un soupçon, il était suffisamment intelligent pour se rendre compte que je m'étais lancé dans l'affaire sans intention criminelle, et que je m'efforçais autant que je pouvais de faire les choses correctement. Même si c'était d'une manière tout à fait déplorable.

La conférence avec le procuteur du district ne m'alarma aucunement. Pas davantage que des conférences antérieures avec des personnalités officielles. En fait, pourquoi aurait-elle dû m'alarmer ? Cela faisait neuf mois que je faisais l'objet d'enquêtes. On m'avait posé toutes sortes de questions. Et j'avais pu répondre à toutes. Aucune accusation n'avait été portée contre moi. Je me sentais raisonnablement sûr qu'aucune ne serait lancée, pour autant que je continuais à payer mes billets. Quoi qu'il en fût, il était trop tard pour moi pour arrêter tout procès qui aurait pu être envisagé.

Je chassai la conférence de mon esprit. Et vaquai à mes affaires comme d'habitude. Faisant face aux événements et aux situations inattendues lorsqu'elles se présentaient.

Un jour, je reçus un appel en urgence de l'une des compagnies fiduciaires. Mon interlocuteur ne voulut pas me dire au téléphone de quoi il s'agissait. J'allai donc à la banque.

« Quel est le scandale aujourd'hui ? fut ma première question.

– Nous avons trouvé l'homme qu'il fallait pour l'une de vos succursales, me dit l'homme.

– Pour l'amour de Dieu ! dis-je amèrement. Est-ce là le message important que vous aviez pour moi ?

– Oui, admit-il avec à peine une trace de honte. Il est bien recommandé et vous sera très utile.

– Pourquoi ne l'avez-vous pas envoyé au bureau pour parler avec Miss Meli ? voulus-je savoir.

– Il est venu dans votre bureau, répondit-il. Et vous l'avez rencontré. Mais il semble que vous ne lui avez pas laissé beaucoup d'espoir.

– Mais qui est-il ? demandai-je.

– Un jeune homme du nom, disons, de "Smith", dit-il.

– Du diable si je m'en souviens, remarquai-je.

– Vous ne vous souvenez pas d'un jeune gars qui vous sollicitait pour le bureau de Holyoke ? demanda-t-il.

– Ah, oui, admis-je. Je crois bien. Mais je lui ai dit que nous avions trouvé quelqu'un pour le bureau de Holyoke.

– Eh bien, c'est lui, confirma-t-il, et il faut lui donner ce poste.

– Comment cela ? dis-je, dressant l'oreille à "il faut."

– J'ai dit qu'il faut lui donner ce poste, répéta-t-il.

– Et pour quelle raison ? voulus-je savoir. Pourquoi tant insister ?

– Suivez notre conseil et donnez-lui le poste de Holyoke, intervint un autre employé.

– Cela devient intéressant, dus-je admettre. Qu'est-ce qui vous fait tant insister ? J'ai mon propre homme là-bas, et j'en suis entièrement satisfait.

– Eh bien, licenciez-le, me suggéra-t-on.

– C'est ça ! répliquai-je.

– Nommez-le dans une autre agence, me dit-on encore.

– Mais enfin, dis-je. Que représente-t-il pour vous, ce jeune homme ?

– Rien, avoua-t-il. Sauf qu'on m'a dit de lui obtenir ce poste.

– Expliquez le contexte à votre ami, lui dis-je.

– Impossible, affirma-t-il. Je dois faire ce qu'il me dit.

– Mais moi, je n'ai pas de raison pour faire ce qu'il dit, lui opposai-je.

– Oh, mais si, me lança-t-il en retour.

– Dites, vous plaisantez, ou quoi ? demandai-je. Personne au monde ne peut me dire ce que je dois faire et ce que je ne dois pas faire.

– Écoutez, Charlie, répondit-il plus doucement. Ce n'est pas la peine de tourner autour du pot. Le "boss" veut que vous donniez à cet homme le poste de Holyoke.

– Le "boss" ? Et qui diable est le "boss" ? voulus-je savoir.

– Vous ne savez pas ? demanda-t-il, surpris.

– Non, je ne sais pas ! dus-je avouer.

– Eh bien, pour l'amour de Dieu ! Où étiez-vous, ces derniers temps ? » Il mentionna l'un des pontes de l'État, complètement effaré de mon ignorance en matière de politique.

« Quoi ? demandai-je, de peur d'avoir mal compris.

– C'est bien lui, confirma-t-il. L'une des huiles qui règnent sur la colline.

– Eh bien !... Eh bien !... Eh bien !..., balbutiai-je à titre de commentaire. Donc, il veut que le poste soit donné à un de ses amis ?

– Je n'aime pas l'idée qu'on me dise ce qu'il faut faire, repris-je. « Mais comme le boss montre assez de considération pour mes affaires pour s'y associer via ses amis politiques, je crois que je vais y déférer.

– Bien ! me dit mon interlocuteur. C'est donc réglé ?

– Oui, l'assurai-je. Vous pouvez dire au boss que son ordre sera exécuté immédiatement. Et vous pouvez aussi dire à ce jeune homme de venir à mon bureau et de régler les détails avec Miss Meli. Je vais envoyer un télégramme à Holyoke pour dire à mon employé que j'ai une autre place pour lui. »

La confiance du « boss » en mes affaires était plutôt flatteuse. Je supposais qu'il ne m'aurait pas imposé un de ses amis s'il n'était pas convaincu, d'après ses recherches, qu'à son sens je dirigeais une entreprise légitime. Je commençai donc à espérer que toutes les activités des agents de l'État contre moi cesseraient bientôt.

Peu après, mon attention fut attirée par une publicité. Ou un genre d'annonce. Le gouvernement des États-Unis offrait à la vente la flotte du Shipping Board. Un ensemble impressionnant de quelque 3 000 navires qui avaient été construits pendant la guerre à un coût faramineux de presque 3 000 000 000 de dollars ! Le gouvernement demandait 20 dollars par tonne de port en lourd. Cela valait facilement 200 dollars. Leur tonnage combiné était d'environ 10 000 000. L'affaire aurait coûté un montant forfaitaire d'à peu près 200 000 000 de dollars !

**Le Gouvernement annonce la vente de 1 800 vaisseaux**

WASHINGTON, 23 juin. – Un projet de campagne nationale de publicité pour permettre au Gouvernement de vendre sa flotte marchande aux termes de la nouvelle Loi sur la marine marchande, a été dévoilé aujourd'hui lors d'une conférence de publicitaires représentatifs, présidée par M. Benson, du Shipping Board.

Les recommandations faites à la Commission par les membres de la Conférence demandent l'attribution d'un crédit budgétaire de 50 000 dollars pour une étude des navires et matériels de la Commission afin que le projet de publicité puisse être mis en place afin de présenter au pays, avec exactitude, cette vente à grande échelle.

Je pris un jour de congé. Je parcourus mes données sur le commerce extérieur et la navigation. Procédai à nombre d'estimations. Et me convainquis que je devais acheter cette flotte ! Je ne perdis pas de temps. Une fois ma décision prise, j'agis. J'envoyai l'un de mes hommes à Washington avec mon offre de 200 000 000 et un chèque de 2 000 000 de dollars comme garantie de ma bonne foi.

Entre temps, je commençai à penser à ce que je ferais pour l'argent. Et avec la flotte. Finalement, on me donna l'affaire, comme c'était prévisible.

Dans mon offre, j'avais mentionné que je paierais en liquide à la livraison dans les 30 jours de l'acceptation de mon offre. Cette hâte n'était pas nécessaire. Car le gouvernement aurait été disposé à attendre dix ans pour le paiement. En fait, il attendit davantage que ça. Et n'obtint rien de personne d'autre.

Lever 200 millions en 30 jours ne représentait pas un grand problème pour moi. Mes recettes quotidiennes avaient déjà atteint le niveau du million de dollars. Et je n'opérais qu'en Nouvelle-Angleterre. Ou « sur » la Nouvelle-Angleterre, comme auraient dit les railleurs. Avec les demandes d'agences en provenance de tous les États de l'Union, en 48 heures j'aurais pu couvrir le pays d'un bout à l'autre, comme un relais radio.

Mais ce n'était pas tout. Je recevais des télégrammes de maharadjas indiens me demandant combien de millions de roupies j'accepterais comme investissement. Des câbles de mandarins chinois m'offrant des millions de taels. Des télégrammes de « chercheurs d'or » australiens et sud-africains offrant des millions de livres sterling. Des câbles d'Amérique du Sud parlant de millions de pesos, ou de milreis, ou de bolivianos, ou de sucres, ou de sols. Un long télégramme d'une banque canadienne m'informa qu'un M. Leyture avait déposé chez elle 7 000 000 de dollars à mon crédit ! Lever 200 000 000 de dollars dans ces circonstances aurait été l'enfance de l'art.

J'étais beaucoup plus embarrassé pour ce qui était de la flotte. Qu'allais-je en faire ? de 3 000 vaisseaux de toutes tailles ? Du Léviathan ? De tous les présidents flottants ? De la légion de cargos, de pétroliers et de navires sans port d'attache ?

Je ne pouvais pas en faire grand-chose. Sauf les revendre. Je passai donc des nuits blanches à étudier des arguments de vente, des utilisations pour les bateaux, et des moyens pour donner un coup de pouce à des filiales qui m'en débarrasseraient.

La flotte allait en fait me coûter 320 millions de dollars. En effet, pour l'acheter, j'empruntais 200 millions à 50 %, par le biais de la Securities Exchange Company. Et je payais des commissions aux agents, à hauteur de 20 millions de dollars.

J'imaginai de créer deux compagnies. L'une, la Charles Ponzi Steamship Company, qui aurait possédé la flotte. L'autre, l'International Shipping & Mercantile Company, qui aurait loué à bail et exploité les vaisseaux. La C.P.S.S.Co. devait être capitalisée à 1 000 000 de dollars, soit 1 000 parts d'actions ordinaires de 1 000 dollars chacune. Cette compagnie aurait émis 350 000 000 de dollars d'obligations à 12 % sur dix ans.

L'I.S.&M.Co. aurait échangé 3 500 000 parts de ses actions ordinaires contre 500 parts d'actions ordinaires de la C.P.S.S.Co. Elle aurait ensuite garanti toute l'émission d'obligations à 93 %. Soit à hauteur de 325 000 dollars. En payant avec des billets à vue. Elle aurait offert à la vente au grand public une obligation de 100 dollars, une action préférentielle de 100 dollars et une action ordinaire sans mention de valeur nominale pour 200 dollars. Les billets de la Securities Exchange Company, à leur valeur à l'échéance, auraient été acceptés en paiement, au lieu de liquide. La vente des parts, contre du liquide ou de tels billets, aurait fait disparaître tout le passif de la Securities Exchange Company. Et cette compagnie aurait disparu.

L'étape suivante consistait à trouver une manière d'annuler la dette des deux nouvelles compagnies. À cet effet, l'I.S.&M.Co. aurait loué la flotte entière en payant à la C.P.S.S.Co. 80 000 000 de dollars par an pendant dix ans. La C.P.S.S.Co. aurait appliqué les 80 millions au paiement de l'intérêt sur l'émission des obligations et à l'amortissement du principal. L'intérêt se serait élevé à 420 millions en dix ans. Les 38 millions mis de côté chaque année pour l'amortissement du principal auraient rapporté facilement 3 % net. Soit pas moins de 12 millions en dix ans. Laissant 42 000 000 de dollars après paiement du principal, à distribuer comme dividende aux actions ordinaires. Quelque chose comme 42 000 dollars par action !

L'I.S.&M.Co. aurait sous-loué les vaisseaux à un certain nombre de compagnies filiales pour 150 millions de dollars par an pendant dix ans. Cela aurait laissé à la compagnie 70 000 000 de dollars par an avec quoi payer l'intérêt sur ses actions privilégiées et l'amortissement du principal. L'intérêt se serait élevé à 280 millions en dix ans. Les 43 millions mis de côté chaque année pour l'amortissement du principal auraient rapporté 3 %. Soit pas moins de 15 000 000 de dollars en dix ans. Laissant 85 millions, après paiement du principal, à distribuer comme dividende aux actions ordinaires. Environ 12 dollars par action.

Au bout de dix ans, ce qui arriverait à la flotte, du point de vue financier, n'aurait aucune incidence pour moi. Elle aurait rapporté, pour moi et mes sociétés, tout ce que j'avais prévu qu'elle rapporterait. Mais, pour que mon plan à dix ans puisse fonctionner, il m'aurait fallu organiser et contrôler un certain nombre de sociétés filiales.

Ces sociétés auraient été capitalisées selon leurs besoins. Leur capitalisation aurait consisté en actions privilégiées, et en actions ordinaires sans mention de valeur nominale. L'I.S.&M.Co. aurait conservé 51 % de toutes les actions ordinaires dans chaque cas. Les actions privilégiées, et les 49 % restant des actions ordinaires, auraient été offertes à des fabricants, exportateurs et importateurs. Certaines, au grand public. Chacune des sociétés filiales aurait payé à l'I.S.&M.Co. un prix de location de 15 dollars par tonne de port en lourd par an pour les vaisseaux qu'elle aurait pu louer.

Mes chiffres étaient tous basés sur le tonnage de port en lourd. La flotte entière consistait en 10 000 000 de tonnes. Louées par la C.P.S.S.Co. à l'I.S.&M.Co. pour 8 dollars par tonne et par an. Sous-louées par l'I.S.&M.Co. aux sociétés filiales pour 15 dollars par tonne et par an.

Ainsi, à titre d'exemple, un vaisseau de dix mille tonnes aurait coûté à la société filiale 150 000 dollars par an. Outre les frais d'exploitation, que je n'avais pas les moyens d'estimer. Mais un tel bâtiment aurait facilement pu faire quatre allers-retours par an. Même en desservant des ports éloignés. Et il aurait donc pu porter 80 000 tonnes de cargaison.

En supposant que les frais d'exploitation se soient élevés à 8 dollars par tonne, cela ne leur aurait coûté au total que 10 dollars par tonne pour leur fret. Et c'était environ la moitié de ce que payaient les affréteurs à cette époque.

Chaque société filiale aurait exploité ses propres vaisseaux indépendamment. Je veux dire, les cargos. Dans la mesure où il aurait été pratique de procéder ainsi. Dans la mesure où cela aurait pu garantir un chargement plein sur les deux trajets. L'I.S.&M.Co. aurait exploité tous les bâtiments que les sociétés filiales n'auraient pu exploiter elles-mêmes. Dans ce cas, les frais d'exploitation réels, plus le prix de la location par tonne, auraient été répartis au prorata du tonnage de fret emporté.

J'avais également prévu que les paquebots puissent être utilisés comme vitrines flottantes pour les produits américains. Ils seraient allés d'un port à l'autre, emmenant les touristes qui auraient voulu faire le voyage. Mais en emmenant en particulier des vendeurs et des acheteurs américains, divers échantillons, et tout un chargement de marchandises. Marchandises qui auraient pu être livrées directement du bateau à l'acheteur étranger éventuel. Sur leur voyage de retour, ces bateaux auraient pu prendre tout le fret envisageable, ou des marchandises spécialement achetées sur place par les acheteurs américains à bord.

Apparemment, l'ensemble du projet était une proposition rentable. J'étais suffisamment optimiste pour croire que j'aurais gagné plusieurs millions. Non seulement cela, mais je pensais aussi que j'avais découvert un moyen sans danger de sortir de mes difficultés. Cependant, je n'étais intéressé à l'aspect profitable de la chose que secondairement. Mon premier objectif était de rétablir le prestige de la marine marchande américaine.

J'étais un patriote dans ce temps-là. Américain en tout, sauf de nom, car je n'avais pas encore tous mes papiers. Cent pour cent Américain. Davantage que nombre de natifs. Y compris ceux qui à Wall Street et à Washington faisaient tout ce qu'ils pouvaient pour que les bateaux américains rouillent à l'ancre, afin que la marine marchande internationale de John Bull ne perde pas sa suprématie.

Rien ne m'aurait plu davantage que de voir la bannière étoilée flotter à la place de l'Union Jack. Avec tout ce dont un pays pouvait rêver en matière de produits et d'argent, les uns et les autres en grande quantité, je ne voyais pas l'intérêt pour les États-Unis d'avoir à dépendre de flottes étrangères. Et personne en Amérique ne le comprenait non plus. Sauf les responsables de cette situation. Mais s'ils y voyaient leur intérêt, il devait être financier. S'élevant à un nombre respectable de dollars. Pardon, j'aurais dû dire livres sterling. De la même monnaie dont fut payé Benedict Arnold, le traître qui avait vendu West Point aux Anglais pendant la Guerre d'Indépendance.

# M. Ponzi a quinze millions de dollars d'avance mais n'abandonne pas

J'étais décidé à acheter la flotte du Shipping Board. Sinon, à acheter des banques, à droite et à gauche. Quoi qu'il en soit, j'avais besoin de tout l'argent sur lequel je pouvais mettre la main. Des recettes de 1 000 000 de dollars par jour ne suffisaient pas. C'était comme une goutte d'eau dans l'océan. Il me fallait davantage. Et la seule manière d'en obtenir était d'aller le chercher en ouvrant d'autres bureaux.

À ce moment, j'avais environ 180 agents avec des sous-agents en Nouvelle-Angleterre. Mais seulement 35 bureaux. Avec ce résultat que certains des bureaux avaient d'une demi-douzaine à une douzaine de sous-agents. Dans le Grand Boston, la totalité de mes 50 agents et sous-agents et davantage était employée dans mon bureau de School Street. Ils sortaient prospecter toute la journée. Et envoyaient leurs clients.

Les choses empirèrent tant que je dus faire quelque chose pour décongestionner le bureau. Cela devenait ingérable. Même avec les dix ou douze policiers auxquels j'avais fait appel pour régler la circulation dans la rue et le long des corridors. L'encombrement défiait toute description ! Incroyable ! Seuls ceux qui l'ont vu peuvent s'en rendre compte.

Combinant les deux objectifs, celui de faire entrer de l'argent et celui de libérer mon bureau, j'assignai à chacun des

50 agents et sous-agents de Boston la tâche d'ouvrir une succursale dans un district du Grand Boston. Cela servit à dévier une partie de la foule, rendant la situation plus facile à maîtriser et en même temps à rapporter davantage de fonds.

Puis je me tournai vers les banques. J'avais déjà accumulé des soldes importants dans plusieurs d'entre elles. Par exemple, 1 500 000 dollars à la Lawrence Trust Company, de Lawrence ; 150 000 dollars à la Lexington Trust Company, de Lexington ; 900 000 dollars à la Merchants National Bank, de Manchester, New Hampshire ; 500 000 à la Citizens National Bank, de Woonsocket, Rhode Island ; et diverses sommes comprises entre 50 000 et 100 000 dollars dans de petits établissements. Dans celles que je viens de mentionner, j'étais sur le point de déclencher la même surprise qu'avec les dirigeants de la Hanover Trust Company. C'est à dire, aller les voir. Offrir d'en acquérir le contrôle. Et, en cas de refus, retirer immédiatement mon solde.

Toutes les banques en général commençaient à ressentir les effets de lourds retraits. La compétition que j'avais déclenchée pour faire monter les dépôts de la Hanover avait rendu la crise encore plus aiguë. Mais elle n'était pas suffisamment aiguë pour m'arrêter. Donc je m'apprêtai à leur porter un coup supplémentaire.

Au cours d'une réunion du Comité exécutif de la Hanover Trust, je fus frappé de ce que les déposants des banques en général n'étaient pas traités avec équité. Ils étaient à la merci du Conseil d'administration, lequel pouvait, ou non, être composé d'honnêtes gens. Certains d'entre eux ne le sont pas. Ce sont des voleurs. Les déposants, il me semblait, n'étaient pas convenablement rémunérés pour les risques qu'ils prenaient.

Tandis que ces pensées me traversaient l'esprit, je portais très peu d'attention à la réunion, mais bien davantage à un projet de réforme bancaire. Par conséquent, avant la fin de la réunion, je me levai et m'adressai aux administrateurs.

« Messieurs, dis-je, je désire soumettre une suggestion à votre vote. Il m'apparaît que le présent Comité possède le contrôle total des millions que nos déposants ont confié à cette banque. Nous pouvons, ou non, exercer ce contrôle de façon judicieuse. Si oui, nous engrangeons quelques dividendes supplémentaires pour nos actions. Sinon, nous ne risquons pas de perdre davantage que le double de nos possessions, soit 800 000 dollars, tandis que nos déposants peuvent perdre plusieurs millions. Ce sont eux qui courent le plus grand risque. Ce sont eux qui essuient la plus grande perte. Eh oui, lorsque tout va bien, nous ne leur payons qu'environ 4 % par an. Cette situation semble injuste. Je serais partisan d'étendre aux déposants de plus grands privilèges et de plus fortes rémunérations. Par exemple, je suggère que les déposants puissent élire un certain nombre d'administrateurs. Ils ont le droit de savoir ce qui se fait lors de ces réunions. En outre, je propose que les actionnaires reçoivent un dividende bien déterminé de 7 %, tout comme les déposants reçoivent 4 %. Tous les bénéfices nets au-delà de ces sommes doivent être répartis au prorata entre actionnaires et déposants. Autrement dit, je défends la répartition des bénéfices des opérations bancaires. Je me rends parfaitement compte que mes doctrines peuvent apparaître presque révolutionnaires, mais je suis sûr qu'elles sont équitables et justes. Je désire votre vote sur les questions suivantes. Tout d'abord, la Hanover Trust Company prendra-t-elle l'initiative de défendre une telle réforme, et en second lieu premettrez-vous à Ponzi d'informer la presse des suggestions soumises lors de la présente réunion ? »

Le Conseil vota par l'affirmative aux deux questions, et je sortis pour consulter mon avocat qui supervisait mes activités bancaires. Nous décidâmes d'inviter les rédacteurs financiers de tous les journaux de Boston à une réunion et nous réservâmes une salle à l'hôtel Young. Ils vinrent, et je leur exposai ma proposition. Mais je lus dans leur attitude qu'ils n'oseraient jamais lancer ce bâton dans les roues du système bancaire bostonien. Ils savaient trop bien qui remplissait leurs assiettes. En fait, le jour suivant, ils signalèrent qu'après consultation avec leurs rédacteurs en chef, ils ne pourraient avaliser publiquement mon plan.

« Très bien, les gars, leur dis-je, je peux quand même avoir de la publicité sans vos journaux. Je vais mettre sur pied un bureau de publicité et envoyer une circulaire à tous les déposants des banques de Nouvelle-Angleterre.

– Cela va vous coûter un bras, remarqua l'un d'entre eux.

– De l'argent ? Qu'est-ce que cela peut me faire ? L'argent n'a pas d'importance pour moi, répliquai-je. Je donnerais un million n'importe quand pour une bonne cause. »

Le lendemain, sur la suggestion de mon avocat et des administrateurs de la banque, j'engageai un responsable de publicité, et au même moment je donnai à mon avocat 7 000 dollars pour louer des locaux convenables pour un bureau de publicité, et pour couvrir les dépenses que cela comportait.

Sous la direction de mon responsable de publicité, j'allais envoyer une circulaire à tous les déposants des banques de Nouvelle-Angleterre, expliquant mon plan d'intéressement. N'importe qui peut se rendre compte de ce que cela aurait signifié. Toute banque qui se serait manifestée contre un tel projet aurait été boycottée. Elle aurait dû faire face à une fuite des capitaux, et comme aucune banque n'était en situation d'y résister pendant plus de 48 heures, elle aurait dû faire faillite, ou se faire racheter par moi.

Tandis que mon responsable de publicité et mon avocat étaient en train, je le supposais, de suivre mes instructions, mon attention fut attirée par les activités d'une officine appelée The Old Colony Foreign Exchange Company. Elle regroupait quelques gaillards que je n'avais pas engagés. Cette Compagnie professait de faire exactement ce que je faisais, et tout le monde la crut, parce que tout le monde pensait que je faisais ce qu'il fallait. Je ne pouvais pas me manifester pour dire qu'elle mentait, comme moi. Ces gens me tenaient par la peau du cou, et le mieux que je pouvais faire était de me contorsionner tant bien que mal. Ils allèrent jusqu'à faire imprimer des billets exactement semblables aux miens, sauf pour le nom de la compagnie, auquel l'investisseur moyen ne faisait pas attention. En fait, la plupart des gens qui investissaient dans l'Old Colony pensaient qu'ils investissaient chez moi. Du point de vue des empiétements sur mes rentrées en liquide, ils ne me faisaient pas beaucoup de mal. Mais ce qui m'inquiétait, c'était le risque que les autorités puissent prendre des mesures contre eux. Aucun d'entre eux n'avait le courage ni la capacité propre à affronter une joute d'esprit. Ils auraient été démasqués en un clin d'œil, et dans ce cas il m'aurait été presque impossible d'échapper au même sort.

Je leur envoyai un mot pour qu'ils arrêtent les frais et je les menaçai, mais cela ne fit pas de bien. Ils me défièrent, non pas parce qu'ils étaient braves, mais parce qu'ils étaient idiots. Ils allèrent jusqu'à louer un bureau au même étage que le mien, puis commencèrent à détourner mes propres investisseurs de mon bureau en faveur de leur propre société en prétendant qu'il s'agissait de la même.

Je me lassai de ce racket et décidai de leur donner une leçon, même s'il fallait employer les grands moyens. Je fis appel à l'agence de détectives Pinkerton et leur demandai de suivre à la trace tout homme et toute femme liés à l'Old Colony Foreign Exchange Company.

« Trouvez-moi tout ce que vous pouvez sur eux », furent mes instructions à Murray, directeur de l'agence Pinkerton à Boston.

« Suivez-les partout ; en Chine, si nécessaire. Ne perdez aucun d'entre eux de vue, de nuit comme de jour, et envoyez-moi tous les jours un rapport, avec copie au Procureur du District, M. Pelletier. Dépensez sans compter. Je veux que vous fassiez mettre ces gens en prison ! »

Je ne pouvais pas les laisser s'en tirer avec ce qu'ils faisaient. Ils représentaient une plus grande menace que toutes les institutions publiques réunies. Peut-être mes activités n'étaient-elle pas entièrement légales. On pouvait y trouver matière à redire. Mais mes intentions étaient honnêtes. J'étais dans une situation critique, et j'y étais tombé sans aucune intention de mal faire. Maintenant que j'y étais, je faisais de mon mieux pour m'en sortir, sans nuire à mes investisseurs. Les moyens que j'employais pour me tirer du trou n'étaient sans doute pas réglementaires, et pouvaient ne pas être considérés comme entièrement légitimes, mais il me semblait que la fin justifiait les moyens, et la fin, mon objectif, n'était pas malhonnête. C'est pourquoi je ne pouvais pas tolérer cette officine. Il n'était pas question de les laisser mettre des bâtons dans les roues de mes investisseurs et de mon propre bien-être.

Laissant les Pinkertons s'occuper de la bande de l'Old Colony, je conférai avec mon responsable de publicité et mon avocat. Selon eux, l'organisation du bureau de publicité progressait de manière satisfaisante. Comme le patient qui enregistre une température de plus de 40 °C à l'ombre. Il « progresse toujours de manière satisfaisante ». Si vous croyez l'infirmière. Mais dans la mauvaise direction. Et personne ne connaît la vérité avant qu'il ne soit mort.

Je supposais que mes instructions étaient suivies. Ou le seraient rapidement. Et j'acceptai la suggestion de McMasters selon laquelle un peu de publicité dans les journaux serait utile. En fait je le lui recommandai. Et lorsqu'il me dit que le *Boston Post* était d'accord pour publier un article sur la Securities Exchange Company et moi-même, je fus émoustillé comme jamais.

Le 24 juillet 1920, le *Boston Post* publia l'article promis. Le 24 était un samedi. Jour où toutes les affaires s'arrêtent généralement à midi. Jour où presque tout le monde fuit la ville pour aller à la campagne ou sur la plage. Mais pas ce samedi-là. Il semblait, au contraire, que tout le monde avait rendez-vous pour se rencontrer au 27 School Street ! Il ne manquait personne. Les 2 000 000 d'habitants du Grand Boston étaient tous présents ! S'ils n'étaient pas exactement deux millions, ils avaient l'air d'être aussi nombreux.

Le lendemain, dimanche, le *Boston Post* découvrit qu'il pouvait consacrer encore davantage de place à Ponzi. Il me donna donc deux pages. *The Herald, The Globe, The Advertiser,* ne pouvaient pas laisser au *Post* le bénéfice d'un tel scoop. Eux aussi plongèrent dans la bagarre. Avec un article en première page. Et ils me décrivirent, moi et la Securities Exchange Company, de la tête aux pieds.

Comme une couverture. Je ne m'étais jamais rendu compte à quel point j'étais un grand bonhomme, avant que j'aie lu tous les journaux.

Ce dimanche-là ne fut pas un jour de repos pour moi. Les télégrammes et les appels téléphoniques commencèrent à se déverser sur la maison dès l'aube. De toutes parts. De gens importants et du menu fretin. De tout le monde. Tous soucieux de se mettre bien avec moi. Car j'étais un multimillionnaire. Je reçus plus de félicitations qu'un Président-élu ! Davantage de personnes vinrent me voir chez moi que l'on n'en voit habituellement à la Foire de Brockton en trois jours ! Plus d'automobiles passèrent devant ma maison que Ford et General Motors ne peuvent en produire en six mois ! Je dus donner davantage d'interviews et poser pour davantage de photos qu'une vedette de cinéma de premier plan. En somme, ce dimanche fut la journée la plus remplie de ma vie, alors que je ne faisais rien !

Mais le samedi et le dimanche ne furent rien par comparaison avec le lundi qui les suivit ! Les journaux ne levèrent pas le pied. Ils versaient toujours de l'essence sur le feu. Et lorsque je descendis à School Street, le quartier était dans un état indescriptible.

Toute circulation était interdite. Ma voiture et celle du maire Peters étaient les deux seules admises à naviguer dans la rue. « Naviguer » est bien le terme. Toute la rue était un océan de canotiers et d'humanité gigotante ! Devant le Niles Building, six policiers à cheval étaient en poste, canalisant la foule. Une quinzaine d'agents en uniforme se trouvaient à l'intérieur du bâtiment. Une immense file d'investisseurs, à quatre de front, s'étirait depuis l'Annexe de l'Hôtel de Ville, par City Hill Avenue et School Street, jusqu'à l'entrée du Niles Building, dans les escaliers, les corridors – et jusqu'à mon bureau !

L'air était tendu d'excitation mal réprimée. L'espoir et la cupidité se lisaient dans la contenance de chacun. Se devinaient dans les liasses d'argent nerveusement serrées et agitées par des milliers de poings tendus ! La folie, la folie de l'argent, la pire de toutes, se réfléchissait dans tous les yeux. Dans une exhibition silencieuse de total dédain envers tous les principes de jugement calme et serein. Dans une exhibition silencieuse d'imprudente psychologie des foules, sensible au dernier degré au sortilège fatal d'une autorité malavisée ou pervertie !

La scène qui se déployait devant moi, lorsque je descendis de ma voiture, était une chose qu'aucun homme ne peut oublier. J'étais l'incarnation du rêve des gens assemblés là. L'idole. Le héros. Le maître et l'arbitre de leur vie. De leurs espoirs. De leurs fortunes. Le découvreur de la richesse et du bonheur. Le « magicien » qui pouvait transformer un pauvre en un millionnaire du jour au lendemain !

Cette scène représentait le succès pour moi. Cela ne pouvait rien signifier d'autre. La foule dans School Street était assez représentative des millions d'hommes et de femmes qui étaient prêts à faire exactement la même chose. Prêts à investir chez moi. À me donner leur argent. Tout ce qu'ils avaient. Dès que je leur aurais permis de m'approcher. Rien ne pouvait s'opposer à la réalisation complète de mes ambitions. J'avais gagné !

Ce lundi matin-là, mes rentrées en liquide atteignirent leur maximum. Rien que dans mon agence de School Street, j'avais engrangé un million de dollars en trois heures. Davantage que toutes les autres banques de Boston pendant ce même intervalle de trois heures. Je ne sais pas quelles furent les rentrées des autres agences. Mais la ruée des investisseurs était générale dans toutes les villes où j'avais une agence. Ils étaient plus de 30 000. La valeur nominale combinée des billets de la Securities Exchange Company qu'ils détenaient était de 15 000 000 de dollars ! La Nouvelle-Angleterre s'était manifestée en grand style. Les Yankees et les Puritains n'étaient pas de petits joueurs ! Ils avaient acheté mes coupons-réponse internationaux à six cents divisionnaires pour un montant de 15 000 000 de dollars ! Exactement comme j'avais prévu ! Même s'ils n'en obtenaient rien, ce n'était pas cher à ce prix-là. Sans mauvaise préméditation, je leur avais donné le plus beau spectacle jamais mis en scène sur leur territoire depuis le débarquement des Pères Pélerins ! Je leur avais donné l'exhibition la plus effrontée de pure audace jamais vue dans le monde de la finance ! Je leur avais donné la plus longue course, le plus long voyage pour leur argent, qu'ils n'avaient jamais obtenu auparavant, ou depuis ! Cela valait bien quinze millions de dollars pour me voir réaliser un tel exploit !

## La bataille généralisée est déclenchée, les chances étant du côté de M. Ponzi

Le coupon-réponse international que je m'étais mis en tête de vendre était vendu. Et comment ! Cela ne faisait aucun doute. Non seulement il était vendu, mais j'en avais obtenu un assez bon prix. Quinze millions de dollars pour un article à six cents ne sont nulle part à dédaigner. Même en Nouvelle-Angleterre où le dollar moyen est éduqué depuis l'enfance à se multiplier plus vite qu'un cochon d'Inde. Cependant, je n'avais pas fini mon travail. Et de loin. Car il fallait que je veille à ce que le coupon puisse continuer à se vendre. Et les signaux indiquaient que ce ne serait pas le cas.

En fait les perspectives étaient loin d'être favorables. Elles auraient pu sembler riantes pour moi, pendant un temps. Le temps que je descende de ma voiture et que je monte à mon bureau, jusqu'à ce que j'émerge à nouveau, dix ou quinze minutes plus tard, pour aller à la Hanover Trust. Mais après que j'aie pu jeter un coup d'œil sur les journaux du matin, et en particulier sur le *Boston Post,* dans l'intimité du bureau du président de la banque, je m'avisai que la situation était beaucoup plus tendue qu'elle ne l'avait jamais été.

La presse était unanime pour condamner le laisser-aller officiel. Mes activités n'étaient pas ouvertement qualifiées de frauduleuses. Car les journaux étaient trop prudents pour cela.

Mais elles étaient représentées comme si éloignées de l'ordinaire, magnifiées dans une mesure telle, qu'elles apparaissaient absurdes. Et les officiels étaient blâmés pour n'avoir pas convenablement vérifié les diverses prétentions sur lesquelles étaient basées mes activités.

La situation était particulièrement dangereuse du fait qu'un homme qui occupe un emploi public perd généralement tout contrôle de lui-même dès qu'il devient la cible de critiques imprimées. Sous l'aiguillon de ce qu'il pense être une opinion publique, il est capable de faire presque n'importe quoi. Sauf de rester tranquille. Il n'hésitera pas à mésuser de son autorité. À déformer la loi. À tomber de maladresse en perfidie. Plutôt que de s'expliquer comme un homme et de dire que son impuissance à agir est due à des circonstances qu'il ne maîtrise pas.

Après que j'eus lu les journaux, je commençai à craindre précisément cela. Dans la journée, et même dans l'heure qui allait suivre, des poursuites allaient être engagées contre moi. Civiles ou criminelles, je ne savais pas. Mais des poursuites qui pourraient me terrasser. Justement ou injustement. Temporairement, ou définitivement. Comme une injonction.

Sans aucun doute, j'avais une bataille à mener. Cette fois avec la presse, en général.

J'attrapai le téléphone.

« Appelez le Procureur des États-Unis, et le procureur du district, ordonnai-je au standardiste de la Hanover, et dites-leur que je voudrais leur parler. Transmettez-moi les appels dès qu'ils arrivent. »

Le Procureur des États-Unis fut le premier à répondre.

« Je suppose que vous avez lu les journaux, lui dis-je.

– Oui, admit-il.

– Il me semble, continuai-je, qu'il est assez malhonnête de leur part de critiquer des personnages publics pour leur laxisme supposé. Personnellement, j'en veux à la critique à cause de ses implications. Je vais exiger une épreuve de force. Je vais vous offrir, à vous et aux autres officiels, la possibilité de faire une enquête sur mes affaires. Accepteriez-vous de vous joindre au Procureur général et au procureur du district pour avoir une conférence avec moi, afin de mettre au point les détails d'une telle enquête ? »

Le procureur de district adjoint répondit qu'il en serait heureux. Le procureur de district me fit demander de venir dans son bureau car il voulait me parler. Le Procureur général dit qu'une conférence commune ne lui convenait pas.

« Mais, M. le Procureur général, répliquai-je, je suis un homme occupé. Je ne peux pas passer des journées entières en conférences. Il me semble que la considération dont je fais preuve envers les autorités justifie une égale considération de leur part. Après tout, vous devez vous rendre compte que, aux termes de la loi, aucune enquête ne peut avoir lieu sans mon consentement. »

Il était inutile d'argumenter avec lui. Je ne pouvais le faire bouger d'une ligne. Et j'étais sur le point de lui dire d'aller au diable. Mais je ne le connaissais pas encore assez bien pour cela. Et donc je donnai mon accord pour aller le voir plus tard dans la journée.

« À quelle heure environ ? me demanda-t-il.

– Je ne peux pas dire, répondis-je. Dès que j'en aurai fini avec les officiels fédéraux et du Massachusetts.

– Je vous attendrai », dit-il, mais il ne savait pas combien de temps j'allais le faire attendre. Comme il voulait être tellement désagréable, je comptais le faire poireauter. Et s'il n'en avait pas l'habitude, il allait apprendre.

Dès que j'eus reposé l'appareil, je réfléchis rapidement. Je m'étais engagé à me soumettre à une enquête. Et je ne pouvais plus reculer, ni renier ma parole. Mais il était vital pour moi de décider du type d'enquête susceptible de satisfaire les officiels et le public sans révéler ma véritable situation. Par un processus d'élimination, j'arrivai à quelque chose qui me semblait assez bien.

Agissant sur impulsion, comme d'habitude, j'allai au Tribunal pour présenter ma proposition au procureur du district. Je ne l'avais jamais rencontré auparavant. Je ne savais pas quel genre d'homme c'était. Mais je ne le trouvai pas trop agréable au début.

« La rumeur colporte, dit-il, que j'ai investi 20 000 dollars chez vous. Dans ces circonstances, il me semble que je dois examiner le genre d'affaire dans laquelle mon argent est supposé être investi.

– Vous avez raison, approuvai-je, en tant qu'investisseur, vous avez le droit d'enquêter. Au moment voulu. C'est à dire avant d'investir. Mais il se trouve que vous n'êtes pas un investisseur enregistré. Par conséquent, il ne semble pas que vous ayez un intérêt dans l'affaire.

– Mais si, affirma-t-il. Je suis le procureur du District du Comté de Suffolk et, en tant que tel, je dois à mes administrés la protection de mon bureau face à tout ce qui pourrait affecter leur bien-être.

– Mais rien n'indique que le bien-être de vos administrés soit compromis, argumentai-je. Vous n'avez aucune plainte sur laquelle baser une mesure quelconque.

– C'est vrai, admit-il, mais les journaux insinuent ouvertement que vous entreprenez une action frauduleuse vis-à-vis du public.

– Si c'est le cas, remarquai-je, il me semble que vous devriez être content de ma visite, car je suis venu vous offrir l'occasion d'examiner mes activités.

– Sincèrement ? demanda-t-il.

– Certainement, dis-je. Je ne serais pas ici sinon. Si je n'avais pas l'intention de coopérer avec vous, je vous laisserais l'initiative, tandis que j'engagerais une demi-douzaine des meilleurs avocats pour résister à vos investigations.

– Si c'est le cas, déclara-t-il, je suis prêt à vous écouter avec une grande ouverture d'esprit. Qu'avez-vous à m'offrir ?

– Une occasion de déterminer si je suis solvable ou non, répliquai-je. Ce qui intéresse les autorités aujourd'hui est de savoir si oui ou non j'ai suffisamment d'argent pour honorer tous mes billets en circulation.

– Et comment vous proposez-vous de montrer cela ? demanda-t-il.

– En permettant à un commissaire aux comptes, acceptable pour tous les officiels concernés, de déterminer le total de mes dettes courantes, expliquai-je.

– Laisserez-vous ce commissaire aux comptes examiner vos livres ? continua-t-il.

– Je lui montrerai tous les livres, papiers et documents qui sont nécessaires pour déterminer mes dettes courantes, déclarai-je. Et rien de plus.

– Comment vérifiera-t-il si oui ou non vous êtes solvable ? s'enquit-il.

– J'y veillerai, répondis-je. Lorsque le total de mes dettes courantes sera annoncé, je présenterai mes actifs. Est-ce satisfaisant ?

– Oui, dit-il, mais qui choisira le commissaire aux comptes ?

– Vous et les autres officiels, lui dis-je. Je me moque de savoir qui sera le commissaire aux comptes. Simplement, je veux qu'il soit entendu qu'il n'y aura qu'une seule enquête pour tous les officiels concernés. Et non une enquête séparée pour chacun d'entre eux.

– Pourquoi dites-vous cela ? demanda-t-il.

– Parce que, d'après ma conversation téléphonique avec le Procureur général, j'ai des raisons de croire qu'il veut conduire une enquête séparée pour chacun.

– Et qu'est-ce qui vous fait dire cela ? s'enquit-il.

– Parce que, toujours d'après ma conversation téléphonique avec le Procureur général, je crois qu'il veut procéder à sa propre enquête.

– Pour ma part, dit le procureur du district, je veux bien donner mon accord à une enquête commune.

– Et c'est aussi le cas du procureur adjoint de ce District, déclarai-je. Par conséquent, sauf si le Procureur général rejoint la majorité, tant pis pour lui. C'est tout ce qu'il y a à dire. »

Ce fut à ce point que je sentis que le moment psychologique était venu pour une annonce visant à déstabiliser mes opposants.

« Monsieur le Procureur du District, lui dis-je, je viens de penser qu'il pourrait être impossible à un commissaire au compte de déterminer mes dettes courantes, si je continue à émettre des billets tous les jours pendant l'enquête.

– J'imagine que oui, approuva-t-il. Ne pourriez-vous cesser d'émettre ces billets ?

– Je pourrais, admis-je, mais je n'ai pas eu le temps d'envisager s'il serait expédient pour moi de le faire. Cependant, cette suggestion aurait un avantage. Car elle m'offrirait l'occasion de dégonfler certaines insinuations lancées par la presse. Et je vais donc le faire.

– Vous allez arrêter d'émettre des billets ? demanda-t-il. Quand ça ?

– Tout de suite, lui dis-je. Puis-je utiliser votre téléphone ?

– Bien sûr, dit-il. Je vous en prie. »

J'appelai mon bureau. Ce fut Miss Meli qui répondit.

« Miss Meli, lui ordonnai-je, à partir de maintenant, nous cesserons d'accepter de l'argent aux fins d'investissement. Jusqu'à nouvel ordre. Affichez quelques notes dans les bureaux. Avertissez par téléphone ou télégramme tous les agents et sous-agents. Mais nous continuerons à rembourser les billets comme d'habitude. À l'échéance, avec intérêt. Avant l'échéance, sans intérêt.

– M. Ponzi, dit le procureur du district après que j'aie raccroché, je vous avais probablement mal jugé avant que vous n'entriez dans ce bureau. Votre franchise m'impressionne favorablement. Je crois que vous voulez vraiment faire ce qu'il faut. Je voudrais vous remercier pour faciliter ma tâche, et je veux aussi vous assurer que je ne vous causerai pas davantage de dérangement que ce ne sera absolument nécessaire. »

Sorti de son bureau, j'appelai le Procureur général. Je lui racontai ce qui s'était passé. Et il en sembla entièrement satisfait.

Il me dit qu'il consulterait le procureur du district et me tiendrait au courant pour le commissaire aux comptes.

Je quittai le bureau du procuteur adjoint du district pour aller à la State House où le Procureur général m'attendait depuis trois ou quatre heures. Mais, en passant, je dus faire un saut à mon bureau pour préciser les choses. Mon annonce, selon laquelle je n'accepterais plus d'argent, avait provoqué une panique. Je trouvai autant d'investisseurs désireux de retirer leur argent qu'il y en avait eu le matin pour m'en donner. Seule chose, il n'y avait plus les policiers et la foule n'était pas aussi disciplinée.

J'entrai dans mon bureau, et l'on me dit que les agents de police avaient été rappelés. Immédiatement, je téléphonai au commissaire de police. Je ne pus l'obtenir.

Enfin, j'eus le Superintendant au bout du fil. Il me dit que les agents avaient été retirés parce qu'il était illégal de les laisser de service dans des bâtiments privés.

« C'est bien le moment de me dire ça ! explosai-je. Tant que je recevais de l'argent et que, selon ce qu'on supposait, je le volais et je commettais un forfait, il était très bien que la police me protège. Maintenant que je procède à un acte licite, consistant à effectuer des restitutions, les autorités me dénient toute protection ! Il y a quelque chose de louche là-dedans, mais je n'ai pas le temps de m'occuper de vous. Vous pouvez dire au Commissaire que je n'ai pas besoin de ses agents. Je vais mettre mes propres vigiles. »

Ce que je fis. J'engageai les Pinkertons et d'autres gardiens privés. En une heure, j'eus maîtrisé la foule. Sans violence. J'allai personnellement au-devant de la file des investisseurs. Je leur parlai. Je les aidai à récupérer leur argent. Ce qui m'évita un autre mauvais coup.

La police, me dit-on plus tard, avait été retirée dans l'espoir qu'une émeute puisse éclater et fournir un prétexte aux autorités pour intervenir et prendre la situation en main. Je ne sais pas avec certitude d'où venait l'ordre. J'appris, cependant, que des intérêts politiques et financiers en avaient été la cause. Mais je trompai leurs espoirs.

Dès que j'eus rétabli l'ordre dans mon bureau, je rendis visite au Procureur général.

J'emmenai un avocat avec moi à titre de précaution. J'avais l'intuition que je n'allais pas à une simple conférence. En fait, lorsque je pénétrai dans le bureau du Procureur général, je trouvai une douzaine de personnes assises autour d'une longue table. Des assistants à foison. Des sténographes. Et quoi encore. Il ne manquait que le bourreau officiel.

Heureusement, il n'y avait pas un seul intellect aiguisé dans le tas.

La conférence ne fut pas véritablement une épreuve. Sauf quant à sa durée. Elle battit tous les records. Car mon public était tout simplement naturellement plus lent. À comprendre les choses. Mais d'un autre côté, je m'en tirai avec davantage de bobards. Quelques uns véritablement affreux. Et j'eus le plaisir de laisser cette honorable assemblée aussi ignorante de mes activités qu'elle l'était au départ. La seule chose est qu'ils ne s'en rendirent pas compte. Heureux les ignorants !

De retour à la maison, dans la soirée, j'eus vingt ou trente minutes pour passer en revue les événements de la journée. Jusqu'alors, j'étais toujours maître de la situation. Le procureur adjoint du district avait nommé Edwin L. Pride, expert-comptable connu, pour dresser la liste de mes dettes courantes. Le procureur du district s'était déclaré prêt à accepter les résultats de Pride. Le Procureur général avait été laissé à l'écart. Il avait peu de chances de causer des ennuis car, avec deux procureurs de district de mon côté, il avait peu de possibilités de convaincre les tribunaux ou le public.

Mais même si j'étais encore maître de la situation, le fait subsistait que je n'avais pas suffisamment d'argent ou d'actifs pour solder mes dettes courantes. Personne ne le savait. Sauf moi. Pourtant, il semblait que le monde entier dût l'apprendre avant longtemps. Sauf – mais oui ! Sauf si je me trouvais avoir quelques jokers dans ma manche. Et j'en avais, sans problème. Je les avais mis en place moi-même dans la matinée.

En fait, d'une part, je n'avais rien à craindre et tout à gagner de la panique que j'avais provoquée. J'avais suffisamment de liquide pour continuer à payer un demi-million par jour pendant deux semaines. Il était probable que j'eusse payé en moyenne la moitié de cette somme chaque jour. Pendant quatre semaines, au lieu de deux. Puis, en cas d'urgence, j'aurais pu liquider mes autres actifs et faire durer les choses pendant encore une semaine. Mais le meilleur avantage de la panique était que j'aurais remboursé davantage de billets sans intérêt qu'avec intérêt. Car les investisseurs apeurés n'auraient pas attendu la venue à échéance de leurs billets. Même quelques jours. Et à chaque fois que je remboursais le principal, j'économiserais environ 50 % d'intérêt.

En gros, j'avais alors 15 000 000 de dettes. Dont 5 000 000 étaient des intérêts. Mes ressources totales étaient voisines de 8 000 000. Et j'étais de 7 000 000 dans le rouge. Mais, en remboursant le principal seulement, avant échéance, au lieu de payer le principal et l'intérêt, à l'échéance, avec 8 000 000 j'aurais fait disparaître 12 000 000 de dettes courantes. Et réalisé un gain de 4 000 000. Certes, j'aurais toujours été dans le rouge pour 3 000 000. Mais le second joker y aurait pourvu.

Le second joker était la Hanover Trust Company. La banque avait, à ce moment-là, facilement 5 000 000 en titres négociables, et une grande quantité de liquide. Ce n'était pas à moi. C'était à la banque. Mais j'y avais accès.

Or la Hanover était située au coin de Washington Street et de Water Street. Le bureau du Procureur des États-Unis était au coin de Devonshire Street et de Water Street. Ils n'étaient séparés que d'un demi-pâté de maisons. Mon plan était que l'affrontement se déroule dans le bureau de l'adjoint au procureur du district. Dès qu'il aurait été prêt à annoncer le total de mes dettes courantes, j'aurais été à son bureau avec tous mes billets annulés, tous mes livres de banque, et tous mes autres actifs, qu'ils soient sous forme d'actes ou de titres. Mais, en chemin, je serais passé à la Hanover et j'aurais attrappé suffisamment de titres et de liquide pour compenser la différence entre les dettes et mes actifs véritables. L'épreuve de force aurait pu durer une heure ou deux. À mon retour, j'aurais remis à la Hanover ce que j'avais temporairement prélevé. Et personne n'aurait su la différence.

L'enquête se serait terminée là et à ce moment-là. Les autorités auraient certifié ma solvabilité. Et j'aurais repris mes activités avec un certificat officiel de santé financière.

Tout bien considéré, j'étais encore loin d'être battu. Mais il me fallait certainement rester en alerte vingt-quatre heures par jour. Pendant encore deux ou trois semaines. Les banques, les autorités et la presse étaient toutes après mon scalp.

## Mince ! Quelle bagarre ! La tempête est toujours déchaînée et l'on a du mal à s'y reconnaître !

Le lendemain apporta une nouvelle émotion sous la forme d'une requête en injonction déposée par un avocat pour le compte d'un de mes investisseurs, qui détenait un de mes billets pour 500 dollars. Ni lui, ni sa réclamation ne pouvaient s'appuyer sur quoi que ce soit.

Je recherchai le créditeur dans tout Boston. Pour mettre fin à sa réclamation. Même s'il me fallait lui donner dix fois ce que je lui devais. Mais il était introuvable. Comme son avocat. Je demandai donc à Sam Bailen, l'un de mes avocats, de se manifester et de faire opposition à la demande.

Entre temps, je pris des dispositions pour retenir Dan Coakley. J'avais besoin d'un homme de sa trempe pour maîtriser la foule à State House.

Pourtant, le fait d'engager Dan Coakley était une gaffe. Une gaffe politique. Certains officiels ne pouvaient pas voir Dan. Dan, qui croyait beaucoup à la réciprocité, ne pouvait pas les voir non plus. Répulsion mutuelle. Pour eux. Mais cela fichait en l'air ma progression pacifique. Cela me plaçait, pour ainsi dire, entre le diable et le ciel bleu. Et l'on pouvait deviner qui était le diable.

Dès que Dan entra dans l'histoire, certains officiels décidèrent de s'en prendre à moi dans la mesure où ils ne pouvaient pas s'en prendre à Dan. Et je devins le punching ball entre les deux équipes. Ce qui me valut davantage de coups de pied dans le fondement qu'aucun homme vivant. Il est étonnant que je puisse encore m'asseoir sans grimacer de douleur.

Ce que j'aurais dû faire, au lieu d'engager Dan, c'eût été de marcher sur State Street et de prendre un de ces avocats au pedigree de Mayflower. L'un de ces descendants de dynasties germaniques. Avec un appétit d'ogre. Ou un Saint Bernard. Alors, j'aurais pu m'en tirer avec un meurtre. Ou, mieux, avec des millions. L'un de mes contemporains n'était pas une andouille comme moi. Il engagea un véritable avocat aristocratique. Peut-être que cela lui avait coûté une partie de sa fortune. Mais non sa liberté. Contrairement à moi.

Quoi qu'il en soit, gaffe ou pas gaffe, je ne regrette pas d'avoir engagé Dan Coakley. Même si cela me valut des ennuis avec les intellectuels. Faire la connaissance de Dan en valait la peine. Devenir son ami. Profiter de ses conseils. Les plus compétents dans l'État du Massachusetts. Sans exception. Voir travailler un si brillant cerveau. Et combattre à ses côtés. Contre la même clique. La même bande de forbans professionnels dont le seul titre à la respectabilité tient au fait qu'ils sont au pouvoir. Qu'ils font les jolis cœurs. Parce qu'ils s'écrasent devant le mur d'argent.

Je consacrai la plus grande partie de cette journée-là au règlement de cette histoire de client. J'étais encore à sa recherche, et j'avais presque abandonné tout espoir de le retrouver, lorsqu'il entra directement dans mon bureau. Il était vexé et indigné. Il avait vu son nom au tableau d'affichage d'un journal de Boston et il ne savait pas de quoi il s'agissait. Je lui expliquai la situation, et il déclara qu'on l'avait induit en erreur pour lui faire signer cette requête. Je me ruai dans le bureau de mon avocat et fit signer au client une attestation. Moins d'une heure plus tard, son avocat retira la requête.

La panique se déroulait de façon satisfaisante, pour une panique. La foule était disciplinée. Les chèques étaient rédigés à un rythme d'environ 200 par heure. Le camarade Pride était occupé à faire la liste de mes dettes courantes à partir des talons de billets que je lui avais transmis. Les comptes domiciliés en-dehors de la ville étaient graduellement réduits et l'argent concentré à la Hanover Trust. Il y avait une raison pour cela. Si je payais mes déposants avec des chèques tirés sur cette banque, ils devraient y aller pour les encaisser. Beaucoup pourraient avoir tendance à y laisser l'argent et à y ouvrir un compte, et c'est exactement ce qui se produisit. La plus grande partie de l'argent que je payais d'une poche était redéposée dans l'autre. C'était le coup de « face je gagne » et « pile tu perds. »

Le rédacteur local d'un des journaux de Boston s'acharnait toujours ; c'est-à-dire qu'il me suivait à la trace, avec seulement un peu plus de précautions, mais de façon toujours aussi tenace. Ne me perdant jamais de vue ; rien de moins qu'une salve de chevrotines ne l'aurait découragé, et je souhaitais simplement qu'il soit une « biche » au lieu d'être une « barbiche ». C'est alors que mon attention fut attirée par l'un de ses confrères, qui publiait une feuille d'informations financières locales.

Que lui, de tous les hommes, sorte du buisson et vienne m'insulter : c'était quelque chose que je ne pouvais pas digérer.

Au milieu d'un ciel serein, il me consacra davantage d'espace sur sa feuille qu'il n'en aurait donné à un de ses amis ; des potins boursiers, allant jusqu'à cent dollars par pouce de colonne. Ce qu'il ne disait pas sur mon compte était inimprimable, pas plus que ce que je pensais de lui. Et il ne m'épargnait pas ; il oublia seulement d'engager un avocat pour relire la copie, avec ce résultat qu'il s'exposa complètement et que je lui volai dans les plumes. Je lui réclamai 5 000 000 de dollars par voie de justice. Il avait une ferme laitière dans les environs et je saisis tout ce qu'il avait. Je le ligotai si serré que le lendemain de la saisie ses vaches ne pourraient plus donner de lait.

À ce point, un télégramme de New York arriva pour animer un peu les choses. Comme si elles ne l'étaient déjà pas suffisamment. Le télégramme m'informait qu'un certain Joseph Hermann « de Londres et Melbourne » était en route pour Boston afin de discuter avec moi d'une affaire importante. Un peu plus tard, je reçus un appel téléphonique me signalant son arrivée, et je pris mes dispositions pour le rencontrer à Parker House.

L'entretien fut bref. Il me dit qu'il représentait certains détenteurs de capitaux de New York et de Paris. Et qu'il était venu pour acquérir, si possible, la Securities Exchange Company. Sa déclaration me trouva sur mes gardes. Je ne pensais pas qu'il fût sérieux. Cependant, je discutai avec lui. Simplement pour voir quel était son jeu.

« Êtes-vous au courant de la situation de la Securities Exchange Company ? lui demandai-je.

– Seulement de ce qu'en disent les journaux, répondit-il.

– Eh bien, alors, laissez-moi vous expliquer, suggérai-je. Tous les actifs de la Compagnie consistent en liquide. Ses dettes sont représentées par des billets. Lorsque j'aurai remboursé mon dernier billet, tout le liquide restant sera ma propriété. La Compagnie aura une assez bonne quantité de meubles de bureau, d'appareils, d'équipements, et un merveilleux carnet d'adresses. Êtes-vous prêt à acheter ça ?

– Oui, admit-il, c'est exactement ce que nous voulons.

– Très bien, alors, dis-je. Nous n'allons pas nous donner la peine d'évaluer les meubles, appareils et équipements. J'y mettrai la totalité, pour faire bonne mesure. Mais nous devons nous mettre d'accord sur le prix que vous me paierez pour le carnet d'adresses et le fonds de commerce.

– Nous vous laisserons donner votre chiffre, déclara-t-il. Nous nous efforcerons de répondre à votre demande. »

Il se comportait de façon trop optimiste pour que je le trouve convaincant. J'avais l'impression qu'il bluffait. Je décidai donc d'énoncer un chiffre exorbitant. Qui l'aurait forcé à montrer son jeu.

« Je veux dix millions de dollars, lui dis-je.

– C'est une grosse somme, commenta-t-il, mais nous sommes prêts à la mettre sur la table. Personnellement, j'accepte votre chiffre. Mais je dois retourner à New York pour consulter mes associés. Nous serons tous ici après-demain pour discuter des détails. Vous conviendrait-il de nous rencontrer ce jour-là au Copley Plaza entre 9 et 10 heures du matin ?

– Oui, j'y serai, approuvai-je. Mais n'oubliez pas que mon prix s'entend par paiement à la livraison. Soumis à augmentation si vous me faites perdre mon temps sans nécessité. »

À la date fixée, nou nous réunîmes à nouveau. Nous examinâmes la question pendant presque deux heures. Au bout desquelles j'avais appris qu'ils avaient tous les fonds nécessaires. Il circulait même une rumeur selon laquelle ils s'appuyaient sur l'une des plus grandes banques d'Amérique. Rumeur que je ne pus jamais vérifier. Mais j'étais devenu soupçonneux quant à leur objectif. Je modifiai donc mes termes.

« Je ne sais pas ce que vous vous proposez de faire avec ma Compagnie, leur dis-je. Je suppose que vous voulez l'utiliser pour réaliser quelque entreprise qui vous est propre. Je pourrais vous la vendre et vous donner un blanc-seing. Sans m'occuper de ce qui pourrait arriver ensuite. Mais je me sens une obligation morale envers mes investisseurs et le public de les protéger contre un investissement dangereux. Par conséquent je ne vendrai qu'à des personnes qui n'utiliseront pas la Compagnie dans des buts illégitimes. Je ne connais aucun d'entre vous, Messieurs. Et même si je vous connaissais, je ne prendrais pas la responsabilité de vous appuyer. Par conséquent, je vous vendrai à condition que vous me donniez un poste de direction dans votre société. Je ne veux pas de salaire. Je ne demande aucune part des profits. Tout ce que je veux, c'est la possibilité la plus large de vérifier ce que vous faites. Lorsque je serai satisfait sur ce point, je me retirerai.

– Nous sommes prêts à admettre cela », dit Hermann en son nom et en celui des autres.

Quels que fussent les obstacles que j'avais créés, je ne pouvais pas simplement décourager ces hommes. Cependant, ils n'étaient pas prêts à conclure l'affaire ce jour-là. Et ils proposèrent une nouvelle conférence.

« Je ne vois pas la nécessité d'autres conférences, déclarai-je. Vous connaissez mes termes. Faites rédiger par vos avocats un contrat en bonne et due forme, et apportez-le moi pour signature. Nous pouvons conclure l'affaire en quinze minutes. Je ne pourrai plus vous voir à nouveau avant que vous ne soyez prêts à conclure l'affaire. Lorsque vous le serez, vous me présenterez un chèque certifié avant que je ne consente même à vous parler. Je suis trop occupé à présent pour passer encore du temps dans ce genre de conférence. »

Les visites d'Hermann auraient pu être mon salut. Si j'avais eu suffisamment de bon sens pour en tirer parti. Sans me poser un cas de conscience. Qui ne fut jamais apprécié, ni alors, ni depuis. Mais mon cerveau fonctionnait dans les mauvais canaux à l'époque. On m'avait lancé davantage de bouées de sauvetage que lors d'un naufrage.

Pourtant, j'étais si corseté dans mes absurdes notions que je n'essayai jamais d'en attraper une seule.

Je me sentais si sûr de moi que je ne regardai jamais plus loin que le bout de mon nez. Les politiciens, grands et petits, me suivaient. Et je n'avais pas besoin de chercher d'ouvertures. On m'en faisait directement.

Ainsi, un matin, deux hommes politiques vinrent me voir chez moi avant le petit déjeuner. L'un était un représentant d'un journal de New York. Je le reçus en pyjama dans la véranda.

« M. Ponzi, voici nos lettres de créance, dit-il en me tendant des lettres qui montraient qu'il était en rapport avec le Comité Directeur national du Parti Républicain. Nous sommes envoyés par l'un de ses dirigeants et par le Comité Directeur national du Parti Républicain pour solliciter votre contribution à la campagne électorale. Nous avons été informés de votre succès et de votre générosité, et nous avons pris la liberté d'espérer que vous nous apporterez votre soutien financier.

– Vous êtes peut-être venus dans la bonne Église, lui répondis-je, mais je crois que vous n'êtes pas arrivé dans la bonne paroisse.

– Pourquoi ? demanda-t-il. Vous êtes certainement conscient de ce que le Sénateur Harding sera le prochain Président des États-Unis ?

– Peut-être, remarquai-je. À moins qu'il ne se fasse battre par Cox.

– Aucune chance, dit-il. Les Démocrates vont droit à la défaite.

– Eh bien, combien attendez-vous de moi ? m'enquis-je.

– Ce que vous voulez, répondit-il. Dans votre position, il me semble que vous pouvez difficilement verser moins de mille dollars.

– C'est tout ? demandai-je. Eh, mille dollars, ce n'est rien du tout. Je croyais que vous disiez que j'étais généreux.

– Naturellement, dit-il. Vous pouvez donner autant que vous voulez, et nous pouvons vous assurer que plus vous donnerez, plus nous serons heureux.

– Si je devais suivre mes inclinations, je verserais beaucoup plus que mille dollars, lui dis-je.

– Nous sommes heureux de l'entendre, applaudit-il, Combien diriez-vous ?

– Combien dirais-je ? répétai-je après lui. Je dirais aisément un million, en chiffres ronds.

– Un million de dollars ? demanda-t-il avec stupéfaction.

– Oui, confirmai-je. Tout un million de dollars, Messieurs, – pour pendre l'ensemble du Parti Républicain !

– Votre langage indique évidemment que vous avez des griefs contre notre parti, dit-il.

– Des griefs ? Ce n'est pas le mot ! répondis-je. Tandis que vous êtes ici à solliciter ma contribution, regardez ce qu'ils font pour me ruiner. Ce sont tous des Républicains. Ne serais-je pas une andouille de contribuer à leur succès politique alors qu'ils conspirent en fait contre moi ?

– Nous ne le savions pas, s'excusa-t-il.

– Informez-vous, alors, suggérai-je, Allez dire à vos amis d'arrêter. Et puis revenez et parlez-moi de contributions. Mais pas avant.

– Nous allons voir ce que nous pouvons faire, dit-il. Voulez-vous prendre un rendez-vous pour nous revoir ?

– Je ne prendrai pas de rendez-vous maintenant, lui dis-je, Mais vous pouvez parler au juge Leveroni. Si vous obtenez un règlement satisfaisant, j'accepterai ses recommandations. »

Une fois de plus, j'avais battu froid à l'équipe. L'équipe gagnante. D'une façon ou d'une autre, je m'étais toujours arrangé pour parier sur le mauvais cheval. Comme parieur, j'étais vraiment un as !

# Une paire de filous donne le coup de pied de l'âne à M. Ponzi alors qu'il est à terre et que l'on compte jusqu'à dix

Vers la fin de la première semaine de panique, mes paiements s'étaient réduits à quelques milliers de dollars par jour. Mes investisseurs s'étaient faits à l'idée de garder leurs billets jusqu'à échéance. Et de gagner leurs 50 %. Le rédacteur d'un des journaux de Boston ne savait plus à quel saint se vouer. Pour la première fois de sa vie, il avait eu une grande surprise : un « banquier » qui pouvait faire face à une panique. Et lui, journaliste, ne savait pas comment réagir.

Cependant, il était allé trop loin pour abandonner le combat. Il s'activa pendant tout le week-end à préparer une nouvelle offensive. Et à recruter quelques alliés. Parmi eux, un certain Chiaramonte. Chiaramonte me connaissait depuis Montréal. Et lui transmit l'information selon laquelle j'avais fait de la prison au Canada.

Le lundi matin 2 août, ce journal arbora un gros titre : « PONZI DÉSESPÉRÉMENT INSOLVABLE. » L'article contenait beaucoup d'affirmations inexactes. Et certaines, complètement fausses. Ce coup-là était énorme ! Qu'il ne m'ait pas assommé est à peine croyable. Mais il déclencha les démons de l'enfer. La panique reprit avec une vigueur nouvelle. Et pendant deux ou trois jours je payai près de deux millions.

Mais la panique n'était pas la seule chose à laquelle je devais faire face. On me doublait de tous les côtés. L'un de mes auxiliaires y vit sa chance et en profita. Il émit des billets en utilisant des faux noms et s'arrangea pour classer les talons avec les autres. Tout ce que pouvaient faire mes employés était de les comparer avec les talons authentiques. Nous n'avions aucun moyen de savoir si nous avions reçu l'argent. Donc nous les payâmes. Combien ? Je ne sais pas exactement. Mais j'estime la défalcation à environ 250 000 dollars.

À côté de lui, d'autres employés me volèrent au moins cent mille dollars. Par le simple expédient d'omettre de marquer « annulé » les billets qui avaient déjà été payés, et de les présenter pour paiement par l'intermédiaire d'un complice. Je les ai tous enregistrés. De même que pour d'autres billets émis par certains employés à eux-mêmes ou à leur famille et payés avec intérêt longtemps avant l'échéance. Ils faisaient cela en falsifiant la date sur le côté face du billet. Date qui aurait dû correspondre à la date d'annulation sur les timbres fiscaux. Mais qui n'était pas la même.

Le vol n'était pas grave dans le sens où il aurait détourné mon attention d'autres questions. Ce ne fut pas le cas. J'étais conscient qu'on me volait. Mais c'était grave du fait que cela entamait mon solde bancaire. Mes ressources en liquide avaient été considérablement réduites. D'environ 5 000 000 de dollars, dirais-je. Et la panique se manifestait encore à plein.

Il me fallut presque encore une semaine pour rétablir la confiance parmi mes investisseurs. Mais, le vendredi, j'avais à nouveau la situation sous contrôle. Et le journal de Boston qui me poursuivait le plus durement était encore dans le pétrin. Sauf pour la piste canadienne. Ce que j'appris je ne sais plus comment. Et je me rendis bien compte que j'avais encore à prendre la pire raclée.

Le journal avait envoyé l'un de ses meilleurs reporters à Montréal. Ce n'était qu'une question de jours avant que l'histoire ne soit ébruitée. La révélation ne pouvait être évitée. Et la révélation au grand jour signifiait la ruine. D'une certaine façon. De toutes les façons, peut-être. Sauf pour ce qui était de l'enquête. De la preuve de ma solvabilité à la satisfaction des officiels et du public. J'étais encore confiant de pouvoir surmonter l'épreuve avec le commissaire aux comptes Pride. Mais j'avais besoin de quelques jours de plus. Il était vital pour moi de retarder la révélation jusqu'après l'épreuve.

Pour cela, il était nécessaire pour moi d'être au courant des progrès que faisait le reporter à Montréal. J'avais des moyens d'apprendre ce qui se passait dans les salles de rédaction de ce journal. Des moyens qui me permettaient de connaître la nouvelle concernant Ponzi avant que le journal ne soit distribué dans les rues. Mais il me fallait davantage. J'avais besoin de savoir certaines choses avant même cet organe de presse. Car je ne voulais pas me faire pousser à admettre des faits à mon désavantage. Ce que le journal pouvait savoir n'était pas vraiment dangereux jusqu'à ce qu'il puisse le prouver. Et lorsque je serais sûr qu'il pouvait le prouver, je voulais avoir une étape d'avance. Mais je ne voulais pas prendre une mesure avant d'être obligé de le faire.

Je résolus le problème de ma mise au courant des progrès du reporter en interceptant ses télégrammes. Entrants comme sortants. Une copie de chaque télégramme sur Ponzi arrivant au journal m'était transmise avant même qu'il ne lui soit délivré. Les télégrammes sortants m'étaient communiqués presque instantanément. De jour comme de nuit. Le téléphone de son bureau était également contrôlé. Comment avais-je fait ? Le dire serait trop en révéler. Et mettrait des tiers en cause. Mais je peux dire que pour chaque communication je payai les yeux de la tête. Même pour un millionnaire. Que j'étais. Ou supposé être.

Pendant ces événements, l'un des officiels qui était après moi me témoignait une franche hostilité. De nombreuses manières. Il me courait régulièrement sur le haricot. C'était comme une écharde. Et il me tirait des jurons. Il devint si cordialement détesté dans mes bureaux que l'un de mes assistants, le « mouton noir » de la famille, décida de « l'éliminer ». De le « refroidir. »

Grâce à ses liens avec le milieu, il envoya chercher un tueur à gages à New York. Il lui proposa 15 000 dollars pour ce contrat. L'élimination de cet officiel. Ce qui était beaucoup trop d'argent. Pour n'importe quel officiel. Mais, pour ce qui concernait celui-là en particulier, il ne valait pas la poudre pour l'envoyer en enfer.

Après qu'il eût tout préparé, cet employé vint me voir et me mit au courant. Nonchalamment. Il voulait que je voie le feu d'artifice.

Je lui sautai au visage : « Qui croyez-vous que je sois ? Un meurtrier ? Pensez-vous que je soutiendrais ce genre de chose ? Gardez-vous bien de faire ça. Car si vous le faites, je vous dénoncerai moi-même à la police. »

« Mais le tueur à gages veut y aller maintenant, protesta-t-il. Il veut son argent.

– Ah, vous m'avez mis dans de beaux draps ! lui dis-je.

– Je pensais vous rendre service, s'excusa-t-il.

– Je ne veux pas de ce genre de service ! répliquai-je. Si cet officiel représente un obstacle pour moi, je peux m'en occuper. Je ne veux pas le faire tuer. Je peux dépenser un demi-million pour le discréditer. Laissez-moi m'occuper de ces choses. Allez trouver ce type-là et envoyez-le moi. »

L'intermédiaire, comme on disait, était un « chef de bande » de l'ancien temps. Il entreprit de dissuader le tueur à gages. Et de le renvoyer à New York. Mais il me demanda 4 500 dollars pour ses services. Ce pour quoi je lui fis signer un reçu régulier. Mais que je datai de façon arbitraire. De manière à me couvrir.

Ce fut à peu près le pire investissement que je fis jamais. C'est ce que beaucoup pensèrent. Y compris moi-même. J'allai effectivement jusqu'à verser une belle somme pour sauver la vie d'un ennemi. De l'homme qui me chassa sans relâche pendant des années. Alors qu'il n'en savait rien. Mais, plus tard, j'eus l'occasion, alors qu'il me tenait par la peau du cou et qu'il me disait à quel point j'étais dangereux, de lui dire ce que j'avais fait pour lui, et je ne manquai pas cette chance.

Au fond, je ne regrette pas ce mauvais investissement. Même si je payai un prix dépassant de beaucoup la valeur de sa vie pour la collectivité. Qui aurait plutôt été de quarante-cinq cents. Mais une vie humaine est une vie humaine. Et je ne voudrais pas en avoir une sur la conscience, à n'importe quel prix.

Le week-end me trouva à la chasse au cash. Je crois que je n'avais pas 500 000 dollars. Plus des titres et des propriétés s'élevant à un peu plus d'un million.

J'essayai de négocier le certificat de dépôt. Partout. Même à New York. Mais je ne pouvais rien en faire. Les grandes banques s'étaient passé le mot. Et tout le monde me fermait la porte au nez. Je pensai à Tom Lawson. Le seul qui pouvait peut-être m'aider. Il fut approché. Mais il ne voulait pas s'occuper de cette affaire. Ou ne pouvait pas. Je ne sais pas quelle était la bonne réponse.

Les perspectives semblaient plutôt sinistres. Il me fallait de l'argent pour tenir jusqu'à ce que le commissaire aux comptes soit prêt à faire son rapport. Et personne ne savait quand il serait prêt. Il pouvait peut-être l'être en quatre ou cinq jours. Ou en quelques semaines. Quoi qu'il en fût, il me fallait de l'argent pour le lundi suivant. Car les 500 000 dollars ne pouvaient pas durer tout le week-end.

Je consultai les responsables de la Hanover. Sur la possibilité d'encaisser sur le certificat de dépôt. Il fut suggéré que j'établisse 18 billets à demande pour 80 000 dollars chacun et un pour 60 000 dollars. Et que je les fasse signer par des prête-noms. Employés de la banque ou autres. Alors, en endossant le certificat pour la Hanover comme nantissement, la banque aurait pu escompter les billets et en créditer le montant sur mon compte. Je suivis ce conseil.

Le lundi matin, 9 août, je commençai à utiliser l'argent recueilli à partir de ces billets. Pour un montant d'environ 450 000 dollars. Pourquoi cette somme ? Je ne me souviens plus. Je tirai probablement beaucoup moins sur mon compte. Mais certains chèques émis hors de Boston, qui n'avaient pas été vérifiés, auraient pu rentrer. Quoi qu'il en soit, 450 000 dollars des fonds provenant du certificat de dépôt avaient été dépensés dans la matinée du lundi. C'est alors que l'enfer se déchaîna. En provenance de la State House. Le Commissaire aux Banques fit savoir que la transaction violait la législation bancaire. C'était peut-être le cas. Peut-être pas. Cela n'avait certainement aucun sens. J'avais 1 500 000 dollars dans cette banque. Et le Commissaire aux banques disait que la loi ne me permettait pas de retirer de l'argent de cette banque ! Si c'était la loi, elle était bien étrange pour moi ! Sinon, le Commissaire avait décidément tort. C'était l'un ou l'autre. Il m'ordonna de combler le découvert immédiatement. Sinon...

Je réussis à le combler. En scindant le certificat originel en trois, plus petits. Deux pour 500 000 dollars chacun, et un pour environ 57 000. La différence servait à combler le découvert. C'était le mieux que je pusse faire. Légal ou illégal.

Mais je manquais de liquide. Et je ne pouvais pas cesser d'émettre des chèques. Nous en émîmes quelques uns. Espérant ramasser un peu de cash entre temps. Avant qu'ils ne soient présentés pour paiement. Mais nous n'y réussîmes pas. La Hanover Trust dut en refuser plusieurs. Un avocat qui représentait plusieurs investisseurs, et qui, pendant une semaine, s'était efforcé d'en rassembler plusieurs pour obtenir une mise sous séquestre, vit là sa chance. Il déposa une requête au tribunal des faillites. Et ceci eut pour effet d'interrompre tout autre paiement. Les titres, et tout ce que j'avais, passèrent automatiquement aux tribunaux des États-Unis.

Ce fut dans la même soirée, il me semble, qu'un rédacteur local vint chez moi à Lexington aux environs de minuit. M'exhibant un télégramme de Montréal. Mais sans me permettre de le lire. Ce qui n'était pas nécessaire, de toute façon. Car j'en avais déjà reçu un exemplaire. Il l'agita devant moi et dit qu'il avait des preuves de ma condamnation au Canada. Qu'il allait faire paraître son article dans l'édition du matin. Qu'il voulait savoir si j'avais quelque chose à dire.

« Oui, lui dis-je. Allez-y, faites paraître cet article. Mais cela sera le dernier numéro du journal à être imprimé. Vous n'oserez pas. Et vous le savez. »

Il ne le fit pas paraître. Il ne le pouvait pas. L'homme de Montréal lui avait télégraphié qu'avant d'être absolument sûr que j'étais le même homme que celui qui avait été condamné au Canada, il lui faudrait comparer les photos. Et j'avais donc encore un répit pour un jour ou deux. Mais la révélation était inévitable.

Dans ces circonstances, le mieux que j'avais à faire était de sortir moi-même l'histoire. Avant que les journaux ne le fassent. De manière à en extirper le venin. J'envoyai chercher Jœ Toye. Qui était alors au *Boston Record.* Et qui est aujourd'hui rédacteur local au *Boston Traveler.* Je lui donnai les faits. Avec la permission de raconter l'histoire dès qu'il serait informé que les journaux étaient sur le point de la publier. Il en fit usage. Le 11, je crois.

Mon seul espoir tenait maintenant à mon aptitude à présenter suffisamment d'actifs pour répondre de mes dettes. Le commissaire aux comptes Pride était prêt à rendre son rapport. Et tout était mis en scène pour l'épreuve. J'étais allé à la Hanover Trust. J'avais pris les titres que je pouvais utiliser. Pris les dispositions nécessaires pour les prélever temporairement. Et tout. Mais même ce dernier espoir ne réussit pas à se matérialiser.

J'appris que le Commissaire aux Banques préparait quelque chose. Je me ruai à la Hanover. Et découvris les employés écoutant un avocat. Qui leur disait que le Commissaire aux Banques avait l'intention de fermer l'établissement.

« Pourquoi ? demandai-je.

– Parce qu'il dit que les fondamentaux de la banque ne sont pas sains, répliqua-t-il.

– Pas sains ! interrompit l'un des responsables de la banque. Ils sont plus sains maintenant que jamais. Nos dépôts ont augmenté d'environ 100 % dans les deux derniers mois !

– Oui, peut-être, concéda l'avocat, mais le Commissaire aux Banques insiste sur le fait que la banque a des prêts irrécouvrables sur ses livres.

– Vous pouvez lui dire qu'il fait erreur en disant cela, intervins-je. Cette banque n'a pas et ne peut pas avoir de prêts irrécouvrables.

– Pourquoi ? demanda l'avocat.

– Parce que, répliquai-je, lorsque je pris le contrôle de cette banque, j'allai voir les responsables et leur dis que je garantirais personnellement tous les prêts. Cette banque détient un écrit de ma main autorisant ses responsables à prendre sur mon compte tout prêt qui pourrait être considéré comme à risque par le Commissaire aux Banques.

– C'est vrai, confirma l'un des responsables de la banque. Nous avons cet écrit, et le Commissaire aux Banques le sait.

– En outre, continuai-je, le Commissaire aux Banques m'a dit, lorsque j'ai pris le contrôle de la Hanover, que l'établissement était sain. S'il l'était alors, il l'est encore plus aujourd'hui.

Allez à la State House et communiquez-leur ce que je vous ai dit. Informez-les aussi que j'ai encore plus d'un million de dollars dans cette banque pour faire face aux prêts à risque.

– Je vais aller les voir, m'accorda l'avocat. Après ce que vous m'avez dit, je suis prêt à argumenter avec le Commissaire. »

Il s'en alla. Au bout d'une demi-heure, il était de retour.

« Les avez-vous vus ? lui demandai-je.

– Oui, répondit-il.

– Qu'avaient-ils à dire ? m'enquis-je.

– Ils n'ont rien dit, déclara l'avocat. On n'a rien voulu me dire. On m'a conseillé d'aller voir le Gouverneur.

– Et avez-vous vu le Gouverneur ? le pressai-je.

– Oui, répondit-il. Et voici ce qu'il m'a dit : “Il faut fermer la Hanover.” »

Et la Hanover Trust Company fut fermée le même jour. Et ils eurent ma peau.

Le lendemain matin, le 12, je restai à la maison. Je ne pouvais rien faire. Sauf attendre les événements. Et ils ne tardèrent pas.

Tout d'abord, je reçus la visite d'Hermann. Je le reçus. Et il me présenta un chèque de 10 000 000 de dollars à mon nom. Le chèque était certifié pour ce montant par la Harriman National Bank de New York. Pendant un moment, la vue de ce chèque ranima mes espoirs. Je lui demandai s'il avait le contrat avec lui.

« Non, répondit Hermann. Je n'ai pas apporté le contrat. Nous n'avons pas changé d'avis. Mais les derniers événements nous ont incité à retarder l'opération pendant quelques jours.

– Oh, je vois ! », remarquai-je, utilisant une expression courante. Ce que je voulais vraiment dire, c'était que je me rendais parfaitement compte qu'il s'était dégonflé. Néanmoins, je le retins et nous bavardâmes un instant.

Puis, le téléphone sonna. J'y répondis. C'était le Procureur général. Il me demanda de venir immédiatement dans son bureau, car Pride était prêt à faire son rapport. Je dis à Hermann que, s'il pouvait attendre, cela ne me gênait pas. Il fallait que je descende en ville. Je sautai dans ma voiture et sortis.

Dans le bureau du Procureur général, je trouvai le Procureur de district adjoint, un commissaire aux comptes, et une ou deux autres personnes.

« M. Ponzi, dit celui-ci, le Commissaire aux comptes signale que le total de vos engagements est d'environ 7 000 000 de dollars. Pouvez-vous présenter suffisamment d'actifs pour les couvrir ?

– Mes engagements ne sont pas de 7 000 000 de dollars, répondis-je. Je ne pense pas qu'ils représentent la moitié de cette somme.

– Mais vous avez donné votre accord pour accepter les chiffres du commissaire au comptes, me rappela-t-il.

– Oui, admis-je. J'ai donné mon accord pour accepter ses chiffres. Parce que je supposais, lorsque j'ai souscrit à cet accord, que ses chiffres ne s'écarteraient pas de la réalité de plus de 250 000 dollars. Cependant, puisque j'ai accepté, je respecterai l'accord.

– Êtes-vous prêt à présenter les actifs ? insista le procureur adjoint du district.

– Oui, lui dis-je. Mais le total de mes actifs est d'environ 3 000 000 de dollars.

– Alors il vous manque 4 000 000 de dollars, remarqua-t-il.

– Oui, concédai-je. Sur la base des chiffres du commissaire aux comptes. Que, de mon propre accord, je me suis interdit de contester.

– Dans ces circonstances, je suis désolé, M. Ponzi, mais je dois faire mon devoir, annonça-t-il. Je dois vous mettre en état d'arrestation. »

Un marshal adjoint des États-Unis s'avança.

« M. Ponzi, dit-il, au nom des États-Unis d'Amérique, je vous arrête.

– O. K., marshal. Je suis votre prisonnier », répondis-je, me préparant à le suivre au bureau de poste et à prendre mes dispositions pour une demande de mise en liberté sous caution.

Mon château de cartes s'était effondré ! La bulle avait éclaté ! J'avais perdu ! Tout perdu ! Des millions of dollars. Mon crédit. Mon bonheur. Et même ma liberté ! Tout, sauf mon courage. J'en avais besoin pour me remonter comme un homme. Pour faire face à l'avenir. Sans aucun doute, j'avais perdu. Pour un temps. Mais personne n'a jamais perdu, sauf s'il le veut bien. Et je n'avais pas l'intention de rester à terre. Pas tant que je conservais un souffle de vie. Ce qui était le cas. Et ce qui l'est aujourd'hui. La vie, l'espoir et le courage représentent une combinaison qui ne connaît pas la défaite. Des revers temporaires, peut-être, mais une défaite complète et permanente, jamais !

*Table des matières*

Imprimé en France par CPI
en octobre 2020

Mise en pages par DV Arts Graphiques
à La Rochelle

Dépôt légal : novembre 2020
N° d'impression : 160838